イスラームを知る
15

イスラーム神秘思想の輝き

愛と知の探求

Tonaga Yasushi
東長 靖
Imamatsu Yasushi
今松 泰

イスラーム神秘思想の輝き　愛と知の探求　目次

監修：NIHU（人間文化研究機構）プログラム　イスラーム地域研究

合わせ鏡に映るスーフィズム

私は全世界のなかで　あなただけを選びます
私が悲しみにうちひしがれても　あなたは平気なのですか
私の心は　あなたの掌のなかにあるペン
私が喜ぶのも悲しむのも　あなたが理由
あなたが望むもの以外　なにを私が望むでしょう
あなたが見せてくれるもの以外　なにを私が見るでしょう
あなたは私から　時に棘を時にバラをならせました
私は時にバラの香をきき　時に棘を抜くのです

これは、ペルシア神秘主義詩人の最高峰、ルーミー[1]が神への愛を詠んだ詩の一節である。恋人への狂おしいばかりの思いを彷彿とさせるもので、いま現に恋をしている人なら、自分の心境として共感することもできるだろう。イスラーム神秘主義では、神と人間との間にこのような苦しくかつ甘美な愛の感情が成り立つと考える。

[1] Jalāl al-Dīn Rūmī（1207～73）。ペルシア文学最大の神秘主義詩人。主著に，散文の『ルーミー語録』（井筒俊彦訳，岩波書店，1978年）や韻文の『シャムセ・タブリーズ詩集』（日本語訳はない）などがある。

他方、この同じ詩人は、別の詩のなかで、私たちが見ている現象界をこえた真理の世界を見据えて、次のようにも述べている。

私はキリスト教徒でもなければユダヤ教徒でもない
　ゾロアスター教徒でもムスリムでもない
私は東のものでもなければ西のものでもない
　陸のものでも海のものでもない
（中略）
私はインドのものでもなく中国のものでもない
　ブルガリアのものでもなく〔トルキスタンの〕サクスィーンのものでもない
私はイラク王国のものでもなく
　〔イランの〕ホラーサーン国のものでもない
私は現世のものでもなく来世のものでもない
　楽園のものでもなく火獄のものでもない
（中略）
私は二元論をなげうち
　二つの世界は一つであるとみた

▶ペルシア神秘詩人ルーミー

私は一者を求め　一者を知り
　一者を見　一者を呼ぶ

ここで詩人は、「私は〜でもなければ〜でもない」という表現を何度も繰り返している。私がなにか(A)であると言明するとき、それはなにかとは異なる別のもの(非A)ではないということを意味する。こういう二項対立の世界に私たちは生きている。しかしそれを乗りこえたところにこそ、「一者」、すなわち唯一の真理が存在する。こういう神秘体験を知的に——といっても、通常の論理を破壊するかたちで——論じているのである。

さて次に、この同じ神秘家が、息子に宛てた手紙の一部を見てみよう。

お前と私は〔知人である〕フサーム(ッディーン)の援助を受けているが、お前はあの男と言い争いをしているそうだね。フサームは私にとっては息子のような存在なんだよ。私のために、あの男と仲直りして、いろいろ約束してやっておくれ。どうか私のためにそうしておくれ。フサームは私たちとともに大きくなったのだ。あの男は自分の弱さも強さもわかっているよ。お前はあの男のことで考え違いをしているのかもしれないよ。他人の間違った意見に惑わされないようにしておくれ。お前のためにならないことをあの男が画策するなんてことはありえないのだから。
これをいわれのない頼みだと思わないでおくれ。お前がささいなことだと思っても、ほんのちょっとした諍《いさか》いが、大きな災いをもたらすことはよくあるのだから。

ここにみられるのは、周りの人と諍いを起こす息子の行状を案じる父親の姿である。彼はおろおろしているようにみえる。神への愛を詠んだり、神秘体験を自信をもって語ったりする神秘家と同じ人間とは思えないほどである。

本書は、通常「イスラーム神秘主義」と訳されるスーフィズムを、多角的にみようとするものである。冒頭の二つの詩がそれぞれ示していたように、愛と知は神秘体験の二つの表現である。本書の前半は、スーフィズムそのものをイスラームのなかに位置づけたうえで、愛と知に一章ずつをさいて説明する。この部分は、スーフィズムの理論的な側面であり、思想研究の一部である。

これに対して後半は、歴史のなかのスーフィズムの実像に迫ろうとする。神への愛に燃え、悟りすましたような神秘体験を語る人でも、その日々のなかではさまざまな葛藤をかかえ、歴史の波に翻弄もされてきたはずである。こういう姿を、前近代イスラーム史における最後の大帝国であるオスマン朝を舞台にたどってみよう。この部分は、スーフィズムの実際的な側面を扱っており、歴史研究の一部をなしている。

このように、理想と実像、理論と歴史、といった合わせ鏡を用いながら、スーフィズムをいくつもの側面からみてみよう。さあ、スーフィズムの世界へようこそ！　（東長 靖）

第1章　スーフィズムとは

イスラームのなかのスーフィズム

イスラームは、個人の信仰から地上の共同体（現実の社会）までを包含する。内面的な部分から外面的な部分まで、と言い換えてもよいだろう。このうち、外面的な部分について指示を与えるのがシャリーア（イスラーム法）である。私たちは「法」と聞くと、人間の行動を規制し、縛るものとばかり考えがちだが、イスラームでは、もともと神が人間を救おうとして、実行可能な程度の決まりごとを与えたと考える。それをきちんとこなした人を来世で楽園に導くために、法は存在すると考えよう。

こうして外面的な振る舞いをただした人は、神への内面的信仰について真剣に考えるようになる。この欲求にこたえるのが神学である。神とはいったいどのような存在なのか、私たち人間は神にどう向き合えばよいのか、といったことを神学は問題にする。

さて、もっと奥深く、言葉で説明できる次元をこえて、真実の世界に迫ろうとするのがスーフィズムである。私たちの認識は、基本的に言葉によって成り立っている。そして言葉は、対象を切り分けることによって成立する。例えば、あの人はいい人だ、というとき、悪い人がその対立項として考えられ、その二項対立のうえに、いい人という判断がなされる。善悪、美醜、高低……などなど、私たちの認識の根底には、二項対立にもとづく言葉の論理があるといってよい。スーフィズムの中核をなす神秘主義は、言葉・論理をこえたところに、真実があると考える潮流である。その、なんとも名づけようのない真実を、人は体得しようとする。それは、真実と一体化する、と言い換えてもよい。

このような神秘主義は、じつは世界中に存在する。ユダヤ教にはカッバーラーという神秘主義の系譜があるし、キリスト教にも神秘主義の潮流が脈々と受け継がれている。これら一神教の系譜（イスラームもそのなかに含まれる）では、基本的に神がこの真実と同一視された。東洋では、仏教のなかの密教・禅の系統や老荘思想がこれにあたる。禅や老荘思想では、この真実を空・無・玄などと呼んでいる。

かつて、スーフィズムの起源はなにか、という議論がさかんだった時期がある。イスラームの基本が、唯一神アッラーは絶対であり、その命令を人々が守れば楽園（天国）に入れるし、守らなければ火獄（地獄）に入れられるということだとすれば、神と人との間には絶対に乗りこえがたい溝があるはずである。神は一方的に命じ、それに従った者には報償を与え、背いた者には罰を与える。他方人間は、神に命じられたとおりに生きていくしかないのである。しばしば、アッラーのことを「主《しゅ》」、人間のことを「僕《しもべ》」と呼ぶのは、このような絶対的隔絶性にもとづいている。このことと、上の神秘主義の説明で述べた「一体化」――いってみれば、神と私が一つになれる、ということ――の間には矛盾があり、したがってスーフィズムはイスラームのなかから出てきたものではなく、どこか外から入ってきたものではないか、と考える人々が少なからず存在した。これを、「スーフィズム外来説」と呼ぶ。この説は、十九世紀のヨーロッパ人研究者たちによってさかんに検討され、そこでは、東方正教会、キリスト教の托鉢苦行僧集団、ユダヤ教、新プラトン主義、ギリシア哲学の犬儒学派、中央アジア・北アジアのシャーマニズム、グノーシス主義、マニ教、ゾロアスター教、インドの瞑想法、ヒンドゥー教など、数多くの思想潮流が、スーフィズムの起源と想定された。じつは、スーフィズムは仏教から出てきたという説もあったのである。

この「スーフィズム外来説」は、皮肉なことにイスラーム主義者たち[1]によっても強化されることになった。彼らは、キリスト教と相通じるところの多いスーフィズムを、面妖なイスラームそのものと切り離そうとしたヨーロッパの研究者とは逆に、正しい戒律を中心としてきたイスラームから、このような放埒でふしだらなスーフィズムなどというものが

1 マスコミでは「イスラム原理主義者」と呼ばれているが，頑迷で排他的な印象を与えるこの用語は，最近用いられることが少なくなっている。

出てくるはずはない、したがってそれは外から来たものに違いない、というふうに考えた。しかし結果的には、イスラームとスーフィズムを切り離すという点で軌を一にしたのである。

現在では、この「スーフィズム外来説」は斥《しりぞ》けられ、スーフィズムの起源はイスラーム自身のなかにあるというのが通説になっている。アッラーの親近性をあらわす章句がクルアーン（コーラン）にもハディースにもみられるのがその証拠である。例えばクルアーンには「どちらを向いてもアッラーの顔」[2]「アッラーは頸動脈よりも汝に近い」[3]といった言葉がみえるし、ハディースにも「私（神）が彼（人間）を愛すると、私は彼の聴覚に、彼の視覚に、舌に、手に、足に、心になり、（彼は）私によって聞き、私によって見、私によってしゃべり、私によって打ち、私によって歩き、私によって思考するのである」という表現がある。ただし、スーフィズムの形成過程で、当時ふれあった異文化の影響がまったくなかったとも考えにくい。生成期に急激に版図を拡大したイスラームは、さまざまな異文化と接触し、それらを吸収した。上述したさまざまな潮流も、スーフィズムの「因」ではないにせよ、「縁」の働きをしたのであろう。

[2] クルアーン2章115節。
[3] クルアーン50章16節。

スーフィズムは分派なのか

キリスト教にカトリックやプロテスタント、東方正教会があるように、また仏教に天台宗や浄土宗、臨済宗があるように、イスラームにも分派〈宗派〉が存在する。その最大のものは、ムスリム人口のほぼ九割を占めるスンナ派である。イスラーム世界の各地にスンナ派信徒を認めることができる。第二の派はシーア派であり、ムスリム人口の約一割を占める。このほかには、ごく少数の信徒をもつ数少ない分派が存在するだけである。

しばしば、スーフィズムはこういった分派の一つだと誤解されているが、それはまったくの誤りである。スンナ派にもシーア派にも、スーフィズムに従って生きている人がいたし、今もいる。それでは、スーフィズムとはどういう存在なのだろうか。

イスラームにおいて、人々の外面的行為をただすのが法学である。冒頭に述べたシャリーアにもとづいたこの学問を、フィクフと呼ぶ。もともとは単に「知識」を意味する言葉であったが、今では法学のことを指す用語になっている。この外面的規定を内側から支えるのが神学である。法学と神学の両者は表裏一体の関係にあり、相互補完的に働いてきた。しかしながら、これらの学問

◀前近代のウラマー（イスラーム知識人）

が精緻化され、体系化されてくるにともなって、人々にはこれが、重箱の隅をつつくような硬直したものだと感じられてきた。これにかわって、神の慈愛を人々の心に直接届くようなかたちで説いたものがスーフィズムだといえるだろう。あるイスラーム思想研究者は、法学と神学が築き上げた学問体系に息吹を与え、生き生きとしたものにする働きをもったのがスーフィズムだという。

知識人・思想家であるならば、クルアーン学、ハディース学と並んで法学や神学を修めるのがふつうであるが、彼らはあわせてスーフィズムも学んでいた。[4] つまり、スンナ派・シーア派といった分派とは関係なく、知識人にとっての必修科目の一つと考えられていたのがスーフィズムといってよいであろう。

中世になると、スーフィズムは爆発的な流行をみることになり、民衆はほぼ例外なくスーフィズムとなんらかのかたちで連なるようになる。一般大衆が法学や神学を勉強することは少ないが、彼らは法学の決めた法や、神学をもとにした説法などに恒常的に接し、それらに従って生きていただろう。スーフィズムも、その知的な部分は一部の知識人が担ったものであるにせよ、文字の読めない民衆も喜んでその法縁に連なったのであった。

時代や地域によって、スーフィズムがイスラームの中心部にいる場合と、周縁部に追いやられる場合が存在するが、少なくともスーフィズムは、イスラームの特定のグループだ

4 スーフィズムは多くは倫理学のかたちで学ばれた。

けが信じる分派ではなく、非常に多くのムスリムたちがそれを生きてきた（今も生きている）存在なのである。それは、スーフィズムと密接な関わりをもつことの多いタリーカ[5]が、スンナ派にもシーア派にも広く存在することによって端的に示されている。

スーフィズムの三極構造

スーフィズムはこれまで、「イスラーム神秘主義」と訳されることが多かった。その中核に神秘主義が存在することは疑いえない事実である。しかし、日本語で私たちが「神秘主義」と聞いたときに思い浮かべるものと、スーフィズムの現実との間にはずれがある。例えば、あるスーフィーの書いた次の文章を読んでいただこう[6]。

> 僕《しもべ》〔人間を指す〕から罪が生じると、それにともなって無明の闇が生じる。悪行をたとえれば火であり、闇はその煙である。家のなかで七〇年も火を燃やしてきた人のようなもので、家はまっ黒になっているのにきっと気づくだろう。それと同様、心も悪行でまっ黒になっており、それはアッラーに向かって悔い改めなければ、浄められることはない。なぜなら、卑しさとか闇とか覆いとかが悪行と結びついているからである。アッラーに向かって悔い改めれば、心の汚れのもとである悪行とこれに付随する卑しさ、闇、覆いなどから免れてもろもろの罪の痕跡が消え去るのである。

[5]「イスラーム神秘主義教団」「スーフィー教団」と訳されることが多い。詳しくは15頁参照。日本語でタリーカについて書かれたものとしては，高橋圭『スーフィー教団――民衆イスラームの伝統と再生』(山川出版社，2014年)を勧める。

[6] エジプトのシャーズィリー教団第3代の師であったイブン・アターウッラー(1260頃～1309)の言葉より。

ここでは、人間の犯す悪行＝罪を繰り返すことによって心が汚れること、それから逃れるためには、悔い改めるしかないことが、火と煙のたとえを用いてわかりやすく説かれている。人間は過ちを犯すもので、そのたびにそれを反省すべきだという主張である。この文章は、『論語』学而篇《がくじ》にある、「吾《われ》日に吾が身を三省《さんせい》す」(私は一日に三回、自らを省みる)という曾子《そうし》の言葉の精神に似てはいないだろうか。ここにあるのは、いわゆる神秘主義では毛頭ない。むしろそれは、私たちがふつうにこの社会で生きていく際に求められるもの、すなわち日常倫理や道徳だといえるだろう。スーフィズムにこの側面があることを、まずは知っていただきたい。

他方、スーフィズムの名のもとにイスラーム世界各地でおこなわれている慣習のなかには、日常的な常識をこえた奇跡を求めるものが少なからず存在する。例えば十三世紀のスーフィー聖者であるアブー・ハサン・シャーズィリー[7]には、次のような逸話が伝わっている。彼の指導下で修行に励んでいたヤフヤーという名の男が、あるときアンダルスに旅立つことになった。シャーズィリーは彼に、それならある聖者のところに行くように指示したという。訪ねてみると、この聖者はそれまでヤフヤーに一度も会ったことがないのに、次のようにいったという。

「ヤフヤーよ、来たね、君が当代の枢軸〔もっとも偉大な聖者〕に会えたことについて

[7] 1196頃～1258年。シャーズィリー教団の開祖。

――アッラーに讃えあれ――、ヤフヤーよ、アブー・ハサン(・シャーズィリー)師が君に伝えたことを、誰にも伝えてはいかんよ」

この聖者は、それまで一度も会ったことがないにもかかわらず、自分を訪ねてきた修行者がシャーズィリーの弟子であり、秘密の教えを受けたことを知っていたのである。こういった奇跡を求める民衆の願望にも、スーフィズムはこたえてきた。スーフィズムの民間信仰的側面ということができよう。

神秘主義の要素に加えて、倫理的要素、民間信仰的要素の三つが、スーフィズムを構成している。これらを三極として、スーフィズムを図示してみることができる(図1)。これらのどの側面が強調されるかは、時空間において異なっており、それによってえられるイメージは異なってくる。例えば、現代のスーフィズムは、倫理的側面がことさら強調されており、イスラーム世界で実際に出会っても、「神秘主義」という印象を受けないことのほうが多いだろう(図2)。

続く第二章・第三章では、このうち、倫理的要素・神秘主義の要素を取り上げて論じる。第四章以降では、これらの要素に加えて、民間信仰的要素をもあつかう。

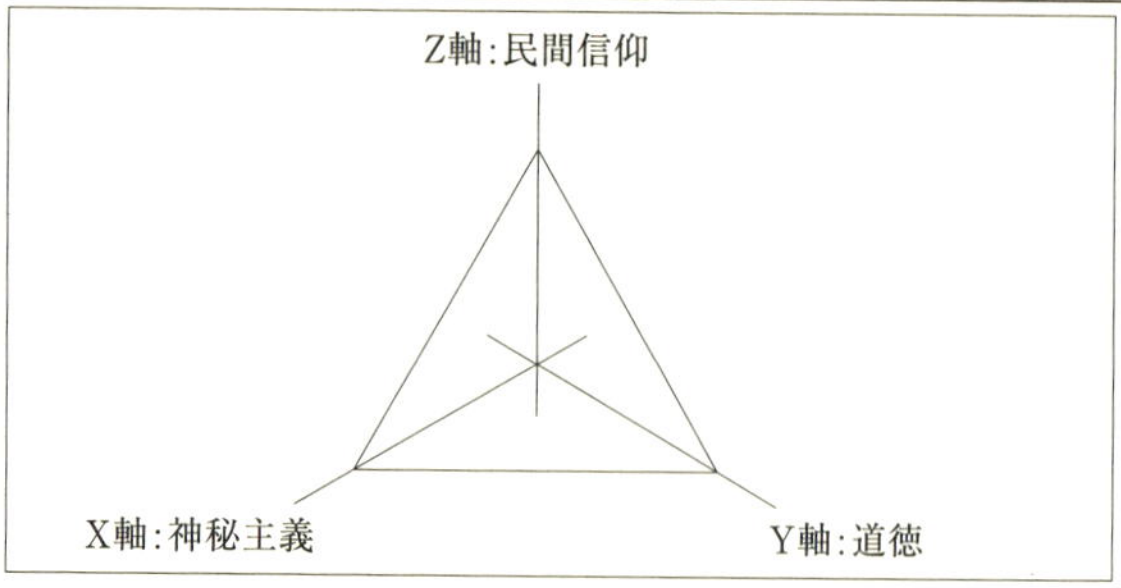

▲図1　スーフィズムの3極構造

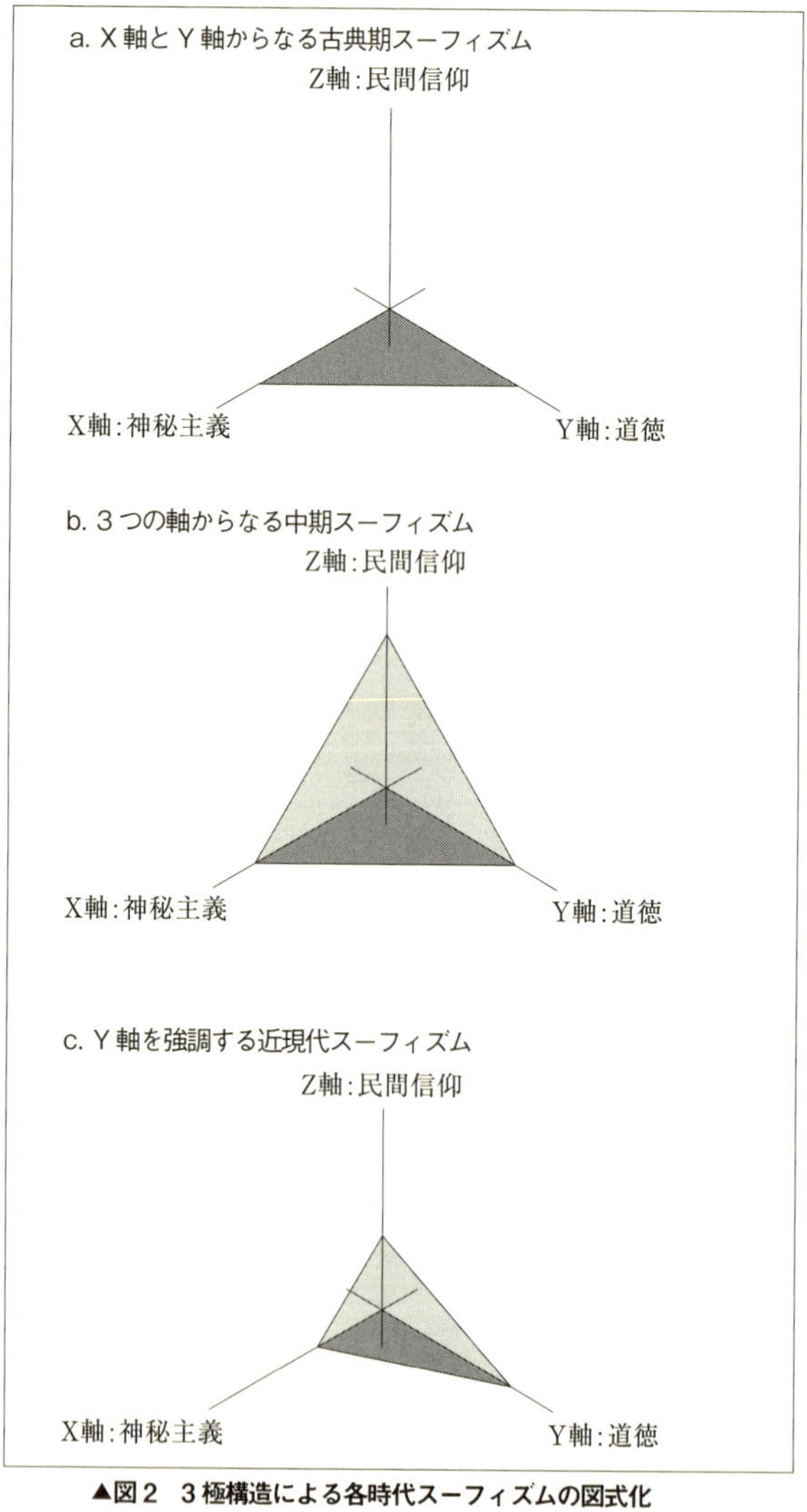

▲図2　3極構造による各時代スーフィズムの図式化

スーフィズム・タリーカ・聖者信仰複合現象

スーフィズムとしばしば関連づけられて語られるものに、タリーカと聖者信仰がある。前者は、「イスラーム神秘主義教団」もしくは「スーフィー教団」と訳されてきた。スーフィズムの教えにもとづくグループという意味である。後者については、修行のすえ悟りの境地に達した人を聖者(ワリー)と呼ぶというスーフィズムの理論が存在するため、やはりスーフィズムと結びつけて語られることが多かった。

正確にいうと、これら三つの現象は、ある部分では重なっているが、ある部分では別のものとして存在している。例えば、代表的なタリーカの一つであるカーディリー教団の祖アブドゥルカーディル・ジーラーニー[8]は、スーフィーではなかったという強力な説が存在する。つまり、この教団は少なくとも本来的には、スーフィー教団ではなかった可能性がある。また、イスラーム世界各地で聖者として尊崇されている人のなかには、スーフィーでない人がいくらも見出せる。なんらかの意味で非日常的な能力を有している人々が、その出自を問わず、尊崇されているのである。例えば、エジプトの首都カイロで、今も多くの人々の参詣の対象となっているシャーフィイー廟は、四大法学派の一つシャーフィイー学派の祖である法学者シャーフィイー[9]の墓廟である。彼は明らかにスーフィーではないが、イスラーム世界では聖者と広く考えられている。

[8] 1077/78〜1166年。カーディリー教団の開祖。
[9] 767〜820年。シャーフィイー法学派の祖。

ここで「スーフィズム・タリーカ・聖者信仰複合現象」という言葉で呼んでいるのは、このように、ある程度重なり合ってはいるが、同時に重なり合わないところもあるこれら三つの現象を、いったん別のものとしてとらえたうえで、その相違点と共通点を含めて、全体を「複合現象」として検証の対象にしようとするものである（図3）。

以下の諸章では、スーフィズムを核としつつも、これと複合的に関わっているタリーカや聖者信仰を含めて述べていくことにしたい。

スーフィズム史の流れ

本章の最後に、スーフィズムの時代的変遷を簡単に紹介しておきたい。イスラームは七世紀に始まっているが、それからの一四〇〇年あまりを次の三期に分けてみよう。最初は、十二世紀半ばまでで、スーフィズムが誕生し、発展して確立した時代である。これを古典期と呼ぼう。十二世紀半ばから十七世紀終わりまでは、スーフィズムがもっとも広くイスラーム世界全体に行きわたった時代で、中期と呼ぶことにする。この時代に、スーフィズムは聖者信仰と深く結びつくとともに、タリーカが生まれることになった。十八世紀以降現代まで

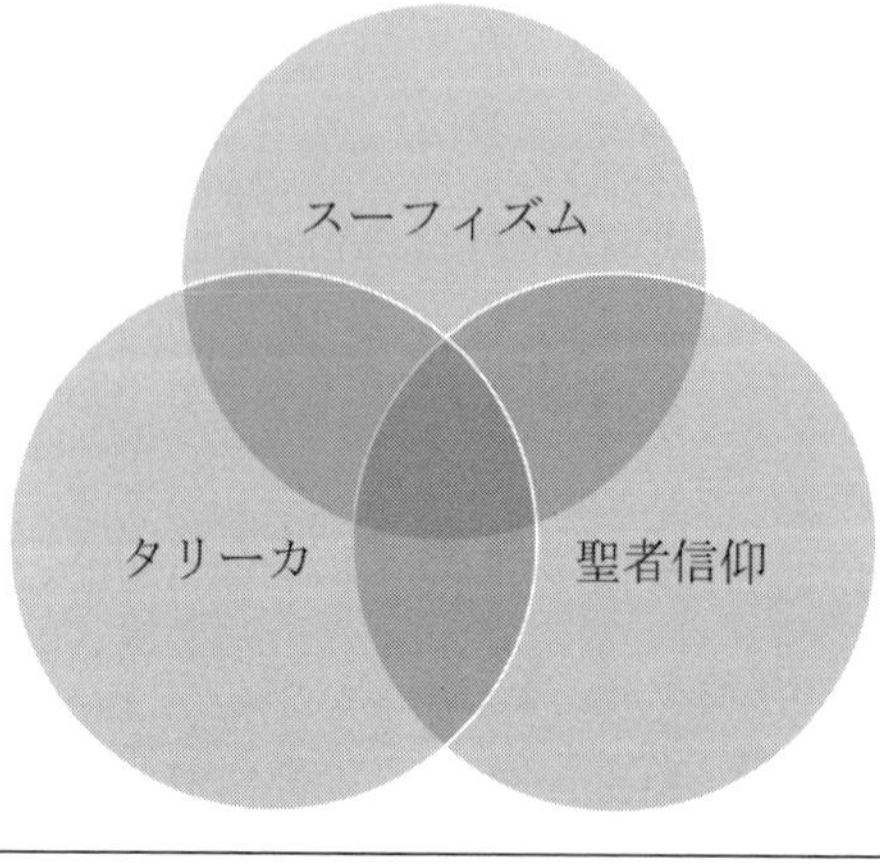

▶図3　スーフィズム・タリーカ・聖者信仰複合現象

(近現代と呼ぶ)は、イスラーム世界がヨーロッパの脅威を感じ、スーフィズムが周縁に追いやられる傾向が一部で顕著にみられることになる。

古典期の最初に、スーフィズムの前段階として禁欲主義者たちがあらわれた。イスラーム世界の爆発的な版図拡大にともない、現世享楽的な傾向が世の中を覆いつつあった。この流れに異を唱え、ひたすら来世を思い、禁欲的な生活を送ろうとする人々があらわれたのだった。この禁欲主義者を一つの母体として、スーフィズムは誕生してくる。それは、禁欲主義者たちのいだいていた神への畏《おそ》れとともに、神への愛を母体としている。神には、人間に裁きを下す怖い側面と、救いに導く優しい側面がある。この二つの側面をともにみることで、スーフィズムは成り立っている。

古典期には、クルアーン学・ハディース学・法学・神学などイスラーム諸学が次々と成立・発展していくが、ほかの諸学にやや遅れるかたちで、スーフィズムも学問として成立していく。十~十二世紀頃には、古典的なスーフィズムの理論が確立し、それをイスラームの信仰の一部とはっきり認めさせることに成功した。

古典期のスーフィズムが、知的エリートたちの所有物であったのに対して、中期には、民衆を大きく巻き込むようになったことが重要である。民衆への広がりは、一方では聖者信仰というかたちをとって、他方ではタリーカというかたちをとって浸透していった。ムスリムはすべからくなんらかの法学派に属しているものだが、前近代のイスラーム世界の少なからぬ地域で、ムスリムならかならずなんらかのタリーカに属する、という現象がみられた。

中期における、民衆への広がり以外のもう一つのスーフィズムの発展は、知的洗練である。これも大きく二つの流れに分けられる。一つは、神秘主義詩の展開である。これは、愛をキーワードに神秘体験を美しく表現した。イスラーム世界各地でスーフィー詩が書かれるようになっていくが、もっとも華々しい発展をとげたのはペルシア詩であろう。ペルシア神秘主義詩人の名前はあげるにいとまがないが、ここではジャラールッディーン・ルーミーの名前だけをあげておこう。

もう一つの流れは、神秘主義哲学の発展であり、存在一性論を唱えたイブン・アラビー[10]や、照明哲学を唱えたスフラワルディー[11]らの系譜に連なる人々が思想を展開した。両者とも世界の根源的一性を説くものであるが、前者はその絶対一者を存在（ウジュード）に求め、後者はそれを光・照明（イシュラーク）に求めた。これら二つの流れについては、続く第二章・第三章でたどってみることにしたい。

三つ目の時代、イスラーム思想史における近現代は、十八世紀頃から始まる。それは、ヨーロッパの脅威が徐々に高まってきた時代とはいえ、実際にヨーロッパの侵略が始まる

[10] 1165～1240年。代表的なイスラーム神秘主義哲学者。存在一性論，完全人間論を創唱した。主著『マッカ啓示』『叡智の台座』など。

[11] 1154～91年。著名な哲学者・スーフィー。「照明哲学の師」と尊称される。主著『照明哲学』。

のは十八世紀末からである。しかし、思想界ではこの一大変化を予兆するかのように、イスラーム世界の危機と、これに呼応するかたちでのイスラームの内発的改革が唱えられていく。スーフィズムもこの改革と無縁ではなかった。近代になり、とくに中東では、近代主義者からは科学に反する迷信だというレッテルを貼られ、他方イスラーム主義者からは預言者の時代にない逸脱(ビドア)だという非難をあびて、スーフィズムの側もこれに対して反対の論陣を張っている。

イスラーム世界全体を広くみると、近現代になってスーフィズムが衰退したという見方はかならずしもあてはまらない。現在でもイスラーム世界各地に行けば、私たちは生きたスーフィズムをみることができる。しかし、本書がその後半で主として対象とするオスマン朝についていえば、その見方はある程度首肯せざるをえないであろう。第四章〜第六章は、オスマン朝の最初から近代、さらには現在までを広く眺望するものであり、上記の時代区分でいえば、中期から近現代に相当する。

(東長　靖)

第2章　愛を求めるスーフィズム

神への畏れ

「いい先生」とはどういう存在だろうか。一方で、教師である以上、学生よりも知識をはじめ能力が卓越していなければならないし、学生が誤った道に逸れていこうとする際には、これを厳しく注意しなければならない。学生指導部の先生というのは、もっぱらこの役割を担っているのだと思う。いわゆる「怖い先生」である。

他方、学生のかたわらにいつもいて、話をよく聞き、仲間のようにしゃべってくれる先生もいる。困ったときは手を差し伸べてくれたりもする。例えば、保健室の先生を思い浮かべてもらえばいいだろうか。こういう「優しい先生」の役割を担う人も必要だろう。

もっともよいのは、この両方の性格をあわせ持つ先生ではないだろうか。過ちには厳しく、しかし慈愛のまなざしで学生を見守り続ける。

私たちがアッラーを理解しようとする際には、この二つの側面に着目するとよい。前者を「尊厳（ジャラール）的側面」、後者を「美（ジャマール）的側面」と呼ぶ。神には、威厳に満ちた側面と、優美な側面の両方が備わっているという意味である。[1]

さて、イスラームはそもそも、アッラーに命じられたことを遵守することによって人間が救われる、という構造をもっている。第一義的には、神は一方的に命令（禁止も含む）を下す存在であり、人間は一方的に命令に従ってこれをおこなう存在である。またもや教育のたとえを出させていただくなら、まだ頑是ない、理屈をいって聞かせてもわからない子どもには、ただ善悪をたたきこむのがよい、という考え方があると聞く。イスラームにおける神と人間の関係の出発点はここにあると考えてみよう。

イスラーム成立当初、ムスリムたちは理想に燃えていたであろう。強固な意志と統率力をもった預言者のもと、新しい共同体をこの世につくり出す作業は実り多いと感じられたに違いない。成立から一世紀をへたころには、イスラーム世界は破竹の進撃の結果、西はイベリア半島から東は南アジア西端までを手に入れ、政治的にも経済的にも繁栄を極めることとなった。こういった物質的繁栄のなか、モラルの低下に警鐘を発する人々が登場してくる。「禁欲主義者」たちである。

まずは彼らの説くところを聞いてみよう。

人は現世では、病気や災厄や自分を責め苛《さいな》むものに見舞われ、また不正を働きもする。

1 宗教は，厳格な父性的宗教と慈愛に満ちた母性的宗教の2つに分類されることがある。イスラームは，この二側面をかね備えているとみることができる。

……人は哀しみ、畏れるばかりで、それは現世を離れるまで続くのだ。そうして、現世を離れるときになってようやく、安楽と栄光にいたるのだ。[2]

ここには、今でも共感できるある種の厭世主義がある。この世に生きていくかぎり、身体的にも精神的にも、腹立たしく、困惑させられることに見舞われ続ける。逆に自分が悪いこともしてしまう。心は乱れ騒ぐばかり。ここから逃れられるのは、ただ死を迎えるときだけだ……。

ただし、イスラームの禁欲主義者たちを、厭世主義者としてのみとらえるのは間違っているだろう。彼らは、現世的享楽を厭《いと》ったが、それはあくまでも、アッラーへのゆるぎない信仰をもち、来世における火獄での罰をひたすら畏れたためである。冒頭で述べたたとえでいえば、彼らにとってのアッラーは、ひたすら「怖い先生」であり、彼らはその先生の指導に忠実に従おうとしたのである。

神への愛

これに対して、「優しい先生」のようなアッラー像を見出した人もいた。いやむしろ、恋人のように恋い焦がれたといってよいだろうか。その名をラービアという。九世紀に生きた女性で、多くの男性から求婚されたが断り続け、生涯独身をとおした。彼女は、ムス

2 イブン・ムバーラク(736～797)『禁欲の書』より。アラビア語などの原文をそのまま翻訳すると大変読みにくくなるので，本章では適宜自由訳をおこなった。

リムの死後に待つ楽園と火獄について、次のような言葉を残している。

私は、楽園に火をつけて燃やしてしまいたいし、火獄には水をかけて消してしまいたいの。そうすれば、楽園も火獄も、私たちの目を曇らせるベールにすぎないとわかるわ。どっちも消え失せてしまうの。私が神さまにひかれるのは、けっして火獄が恐いからでも、楽園に入りたいからでもない。ただ神さまを愛しているからなんだから。[3]

なんとも大胆不敵な発言ではないか。禁欲主義者は、神を畏れ、敬い、来世の火獄での罰を恐れ、楽園での報いを願って生きていた。その火獄も楽園も、消えてなくなってしまえばいいというのである。

表現は過激だが、いいたいことを煎じつめれば、私が神さまを愛するのは、ただ神さまが恋しいだけなのだ、それ以外のなんの理由によるのでもない、ということである。卑近なたとえになるが、大会社の社長令息（もしくは令嬢）と恋に落ちたとする。周りの心ない人たちは、金や名誉にひかれて結婚したがっているんだろうと邪推するかもしれない。私の恋心はそういうもんじゃない、といいたいのである。社長の子どもだとか、地位があるとか、お金があるとか、そういうことをとやかくいうんなら、そういうものをみんな捨ててもいい。私はただあの人のことが、ただあの人だからこそ好きなのだ。

もう少しかたい言葉でいい直すなら、ここに発露しているのは、神への無条件の愛であ

3　ラービア・アダウィーヤ（？～801頃）の言葉より。

る。この愛によって、禁欲主義は明らかに変質してスーフィズムとなる。これまで遠くて怖い存在だった神が、近くて優しい愛の対象になる。一方的に人間に命令を下し、人間を断罪する存在でなく、人を憐れみ、慈しむような存在としての神観念が、スーフィズム成立の根底にあるといってよい。

愛する者と愛される者

明治時代にキリスト教が入ってきたとき、「神の愛」という言葉をどう日本語に訳すかで宣教師たちが悩んだという話がある。当時の日本語で「愛」は性愛を連想させ、神に関して用いるのがためらわれたからである。結果的に彼らは、「神の御大切」という言葉を編み出した。仏教においても、仏の慈悲ということがふつうで、慈愛といういい方はできるにしても、仏と人間との間に愛が成立するとは考えない。

こういうなかにあって、イスラームは堂々と、神と人間との間の愛を主張する。もちろん、慈愛と訳してよいような場合もある。本章冒頭で述べた、優しい側面をもった神は、人間に慈愛を垂れる。しかし、スーフィズムにおける愛は、神から人間へという一方向だけに成り立つのではない。神が人間を愛すると同時に、人間も神を愛するという双方向性をもっている。このことは「彼は彼らを愛し、そして彼らは彼を愛する」というクルアーンの一節(五章五四節)をスーフィーが好んで引用することによくあらわれている。そして、ラービアの例にみるように、恋愛の対象のように神にあこがれ、神を愛するということが、けっしてまれではないのである。慈愛だけでなく、恋愛や性愛というニュアンスも、スーフィズムの語る神と人間との間の愛には含まれている。神秘主義としてのスーフィズムの究極目標は神との合一にあるが、それはしばしば、男女がしとねのなかで一つになるという比喩で語られる。人間が子どもをもうけるためにおこなう夜の営みと、神が世界を創造する行為は、愛という点から、重ね合わせて理解されるのである。性交渉が宗教的にタブーでない(どころか夫婦間なら奨励される)イスラームの特徴であろう。

さて、愛が双方向的である以上、神の愛と神への愛というふうに区別して語ることが可能であろう。愛の主体が神であるか、人間であるかの違いである。アラビア語には能動分詞と受動分詞が存在するので、スーフィーたちはこれを用いて、愛する者と愛される者というい方をした。[4]

愛が憧憬と結びついている以上、人間が愛する側であり、神は愛される対象だという考え方が一般になされる。スーフィーたちが好んで引用する神の言葉[5]に、次のようなものがある。「私はかくれた宝であった。私は知られたいと欲した。そこで私は知られるために被造物をつくった」。世界の創造の原因は、神が人間によって知られたいと思った、言い

4　愛する者はアーシク(ʿāshiq)もしくはムヒッブ(muḥibb)，愛される者はマアシューク(maʿshūq)もしくはマフブーブ(maḥbūb)と呼ばれた。

5　出典はクルアーンではなく，神聖ハディース(ハディース・クドゥスィー)。クルアーンが，その内容も表現も神の言葉であり，他方ハディースは内容も表現も預言者のものであるのに対し，神聖ハディースは，神の語る内容を，預言者の表現によって語るという特徴をもつ。

換えれば愛されたいと思ったことにあったというのである。尊厳的側面のアッラーに対して人間が尊崇するというのと同様に、美的側面のアッラーに対して、人間は愛するというのである。人間は、何ものにもかえがたい、かけがえのない存在としての神に愛を捧げる。しかし、より深く考えてみると、私のような無力な存在が、おこがましくも主体として神を愛するといってよいものであろうか。このようにスーフィーたちは考えるようになっていく。このとき、人間は愛する者から愛される者へ、神は愛される者から愛する者へと主客を転倒させる。

さらにスーフィーたちは考えを突き詰めていく。そもそも私たちは、主体的な独立した確固たる存在といえるのだろうか。私たちが存在すると思っているのは虚妄で、真の意味での存在はアッラーだけではないのか。こう考えるとき、私は消え、神だけが残ることによって、愛する者と愛される者は一つになる。スーフィー文献では、愛する者と愛される者と愛そのものの三者が一つであるというい方をされることもある。[6]

こう考えてくると、「人間が神を愛する」ということは、「唯一なる存在の神が自分自身を愛する」ときの自己愛が被造物に反映したものということができる。「神を愛するのは神のみ」「愛する者も愛される者も神のみ」といった表現[7]が、スーフィーたちに好まれたゆえんである。神だけが存在する以上、愛する者も愛される者も神にほかならないのであ

6 愛そのものはイシュク(ʿishq)もしくはマハッバ(maḥabba)と呼ばれる。
7 いずれもイブン・アラビーの言葉である。イブン・アラビーについては，18頁参照のこと。
8 アフマド・マグリビー(1336頃～1446頃)。インド生まれのペルシア詩人・神秘主義者。

る。

恋人とワイン

愛のテーマは、のちに多くのスーフィーたちが好んで詩に詠むようになった。

愛しい人の巻き髪を　もてあそんでは編んでみる
恋しい人の黒き目に　征服されて酔いしれる

この詩は、十四〜十五世紀の詩人マグリビー[8]が詠んだものである。恋人と二人きりでいて、相手の髪の毛で戯れているが、じっとみつめられるともうたまらない……。これは一見するとただの恋愛詩のようであるが、じつは神と人間との間の愛を詠んだものなのである。ここでは、愛する者は人間、愛される者は神として描かれている。詩のなかの女性が神の象徴なのである。神は真・善であるだけでなく、美でもあるから、美の代表として女性が選ばれることになる。第一句は、神を近しい存在と感じ、近づきたいとあこがれる様子をあらわしており、第二句は、そうして近づいていった結果、神の完璧な美に圧倒されるさまを描いている。

君のルビーの唇は　僕の気持ちを浮き浮きさせる

◀愛を語らい合う男女

君の瞳の存在は　僕の心をうっとりさせる

十二～十三世紀の詩人アッタールも[9]、このように歌う。神の美によって、人間が愛に包まれ、至福の境地にいたっているさまを詠んでいるのである。

もっとも、こういう解釈は聞かされれば「まあ、なるほど」とは思うものの、じつは本当の恋愛感情を詩にしているのではないか、と思われる向きもあるだろう。私たちだけではなく、同時代の人たちからも、彼らはそういう疑念をもたれている。しかしそれでも、彼らはこのような恋愛詩のかたちで、神秘的な愛を語り続けてきたのである。

十三世紀に生きた最高のペルシア神秘主義詩人ルーミーは、愛の力の偉大さを次のように詠んでいる。

愛によって苦さは甘さになり　愛によって銅は金《きん》になる
愛によって澱《おり》は上澄みになり　愛によって痛みは薬になる
愛によって死者は生き返り　愛によって王は奴隷となる

愛を知る前と知ったあとでは、世界のすべてが変わってみえるものである。とくに神の愛を体験することをとおして、これまでの価値観は崩壊し、今まで大事だと思ってきたことは取るに足りないことだということが明らかになる。これまでの小さな自分は死に、そして神の愛に包まれた新しい存在として生まれ変わるのである。

9　ファリードゥッディーン・アッタール（1145頃～1230頃）。ペルシア神秘主義詩人。

スーフィーたちが神秘的な神と人間との関係を詩に詠む際には、さまざまなメタファーが使われたが、ワインも欠かせない存在であった。十三世紀のペルシア神秘主義詩人イラーキー[10]は、

恋人の　レッドワインに　酔いしれて
目力受けて　酔いつぶれ

と詠んだ。黒目がちの恋人とともに飲む赤ワインが彼を酔わせる。ワインの詩も、恋愛詩同様、じつは本当の酒のことを詠んでいるのではないかと疑いをしばしばかけられている。イスラームは酒を禁じているけれども、イスラーム到来以前の中東世界で酒はごくふつうに飲まれており、酒にまつわる詩の伝統は古いものである。したがって、その素材を詩人が用いることは、不思議なことではなかったであろう。実際に飲酒を好んで、それを歌に詠んだ人がいないとは言い切れないが、神秘体験をこういう比喩で表現することは、たしかに存在したのである。

より神秘主義的な色彩をもってワインを詠んだ詩として、十三～十四世紀の神秘家シャビスタリー[11]のものをあげよう。

酒を飲め　「僕」「僕の」とか　なんになる
一滴の　わが身から　海になる

10 ファフルッディーン・イラーキー(1211～89)。ペルシア神秘主義詩人。
11 マフムード・シャビスタリー(1290頃～1320頃)。ペルシア神秘主義詩人。

「僕」とか「僕の」ものというエゴの意識を捨てることが、神秘主義の出発点である。そうして、たった一滴（これはワインの一滴と水の一滴をかけているのであろう）のちっぽけな自分という存在が、大海のように大いなる神と出会うことができるのである。

最後に、飲酒と関係のある句で始まる、十〜十一世紀のバーバー・ターヒル[12]の詩を紹介しよう。

　我らが酔客、大酒のみであろうとも、汝は我らが真性の信仰
　我らに定見なく、脆弱であろうとも、汝は我らが真性の信仰
　ムスリム、ゾロアスター教徒、キリスト教徒、外の形が何であれ
　　　　　　　　　　　　　　　汝は我らが真性の信仰

ここでは、真に絶対者を信じるならば、表向きの宗教など重要ではない、という思想が説かれる。スーフィズムは、イスラームという枠組をもこえた、人類に普遍的な真理を目指す傾向も、持ち合わせているのである。

スーフィズムと芸術・芸能

このようなスーフィーたちの書いた詩は、節をつけて歌われることもまれではない。日本でもよく知られているインド・パキスタンのカウワーリー[13]という宗教歌謡はその一例で

[12] ？〜1010年頃。ペルシア神秘主義詩人。
[13] インターネットで「カウワーリー」で検索してみれば，映像を容易にみることができる。

ある。メインの歌い手とサブの歌い手、コーラスが歌を担当し、ハルモニウム（リードオルガン）や太鼓が伴奏し、要所要所に手拍子が入る。詩の合間には、「彼こそアッラー」などの定型句が繰り返され、人々も盛り上がって忘我の域に達する。恋人やワイン、花の咲き乱れる庭園といった人を酔い痴《し》れさせる地上の美が歌われ、それを聴きながら人は、徐々に陶酔境に入り、天上の美である神へと思いを高めていく。

イスラームでは音楽に対して否定的な態度が一般的であるが、スーフィーたちは例外こそあれ、肯定的にとらえていた。彼らにとって音楽を聴くことは、自分自身を神の力に向けて開いていくことであり、その意味で音楽は、自己を知り、内面を変革する道具たりうるのである。

音楽は、人の感情をゆり動かすだけではなく、その肉体に降りてきて、肉体をゆり動かす。これが舞踊である。このとき、踊り手は超常的な力を与えられて踊っていると考えられる。彼を踊らせているのは神自身なのである。

多くのタリーカが、器楽・声楽をともなったさまざまなかたちの舞踊を実践する。この舞踊は、サマーウと呼ばれることが多い。元来は「聴くこと」を意味する言葉であり、音楽と密接に結びついていることがわかるであろう。サマーウにおいては、本章冒頭に述べた神の二つの顔――尊厳的側面と美的側面――の両者が交錯する。打楽器の調べは、尊厳な顔をもつ全能の王がその場に到来したことを告げ、人の声や笛の音は、神の美と祝福を人々に伝える、といった解釈がなされてきた。

サマーウのなかで、もっともよく知られているのは、メヴレヴィー教団のセマーであろう。セマーは、アラビア語サマーウのトルコ語式の発音である。踊り手は、白い長衣を身にまとい、両手を高く差し上げる。その際、右手の掌を上に、左手の掌を下に向けるが、一説によれば、上にした右手で天と一体化し、下に向けた左手で地と一体化した人間が、宇宙の軸となって回り続けることを象徴しているのだという。自己自身が小宇宙となって、大宇宙の中心にいるのである。

ここまで、スーフィズムの神秘的教説から音楽や舞踊を説明してみた。このように、ある種高尚な目でみれば、それは芸術となる。他方、一般民衆もこれらを愛好してきたが、彼らはもっぱらこれを、楽しむべき芸能として受け止めているであろう。文字の読めない民衆も、こういった芸能をとおして、神の愛にふれ、スーフィズムに連なってきたのである。

（東長 靖）

▶セマー　これも，インターネットで「セマー」で検索すれば，さまざまな映像が楽しめるだろう。

第3章　知を求めるスーフィズム

倫理学としてのスーフィズム

イスラーム世界に滞在し、調査をしていると、あなたはなにを研究しているのか、ときかれることがよくある。私がスーフィズムだと答えたときの反応は、国によって異なる。東アラブの国々(例えばエジプトやシリアなど)では、だいたい「なにを好き好んでそんな変なものを……」といったものである。こういった国々では、一方ではイスラーム主義者たちによって、スーフィズムは本来のイスラームから逸脱した流れとして非難され、他方では近代主義者たちによって、迷信に満ちた時代遅れのものとして批判されてきたからである。他方、インドネシアやパキスタンなどスーフィズムのさかんな国々に行くと、「ほう、それはいいですね」といった反応になる。

しかし後者の場合でも、さらに「スーフィズムのなかではなにを勉強しているのか？」ときかれることがある。本来の私の専門は、本章の後半部で述べる神秘主義哲学なのだが、そういうと、たいてい嫌な顔をされる。「だいたい非ムスリムの学者は、スーフィズムの本流を勉強しないで、神秘主義ばっかりに関心をもつんだから」という反応なのである。ではなにがスーフィズムの本流なのかというと、彼らはだいたい口をそろえて、それは倫理だという。

第一章ですでに、スーフィズムの要素として倫理的側面をあげておいたが、日常倫理・道徳として人々の生活のなかで生きているだけでなく、学問としても倫理学として、スーフィズムは機能してきたのである。そのことは、伝統的なイスラーム学院において、倫理学の名のもとに、スーフィーたちの書いた本がしばしば用いられてきたことに端的にみられる。[1]

スーフィズムでは、人間が完成にいたる道筋を、三段階に分けて論じる。最初に来るのが「シャリーア（イスラーム法）」である。神からの命令を厳格に守ることは、一般のムスリムにも課せられた義務であるが、これが出発点である。しかし、目にみえる決まりだけを守っていても、それに内面がともなわなければ意味がないという考えが起こってくる。こうして、内面の道をめざしての修行が始まる。この段階を「タリーカ（修行道）」[2]と呼ぶ。修行を積み重ねた者だけが、究極目標である「ハキーカ（真理）」に到達できる。ちなみに、この三つ組の用語は、母音だけで示せばすべて「アイーア」というかたちをしており、一

[1] スーフィズムの著作以外に，ギリシア哲学の一分野である倫理学のテキストも広く用いられた。

[2] 中世になると，このタリーカの語は，「修行道」という本来の意味から，修行道をともに歩む修行者たちの「教団」の意味で用いられるようになる。

種の語呂遊びとなっている。

このように段階的に積み重ねられる修行のめざすものは、超常現象ではなく、個人として正しく生きようとすることであり、また社会のなかで正しく生きよう、社会を正しくしよう、ということでもあった。正しさを求めることを探究するのが、倫理学である。

そもそもスーフィズムの始まりは禁欲主義であったが、これは神の前に身をただそうとする潮流であった。スーフィズムはその起源から現代にいたるまで、倫理学という顔をもっているのである。

心理学としてのスーフィズム

インド出身でアメリカにスーフィズムを広めたイドリース・シャー[3]という人がいる。彼はスーフィズムを、真実を理解するための心理学的方法だと説明した。スーフィズムのもつ、迷信に満ちたうさんくさい前世紀の遺物といったイメージを払拭し、現代に生きるわれわれに近しい科学的なものとして新たに提示しようとしたのである。

スーフィズムは、仏教やキリスト教と同様に、心の問題に注目する。私たちが思い悩むのは、根本的に心に起因する。さまざまな物思いから解放されて真理に近づくために、心を研ぎ澄まそうとするのである。心のあり方を探究するスーフィズムの理論を、「霊魂論」

3 1924～96年。インド生まれ，イギリス育ちの現代スーフィ[illegible]。

と呼ぶことが多いが、この語は英語ではpsychologyと表現される。「心理学」と同じ言葉なのである。本書では、古めかしい霊魂論という用語ではなく、心理学という用語のもとに、スーフィズムが心をどのようにとらえているかを考えてみよう。

スーフィーたちは、クルアーンの記述にもとづいて、心を三つの段階に分けて考えた。まずはふだんの私たちの、欲望のおもむくまま低きに流れがちな心である。これをクルアーンは「悪を命じる魂」と呼んでいる。しかし時々人は、これではいけない、もっと正しく生きなくては、と思う。この段階の心を「非難する魂」と呼ぶ。悪を命じる魂を非難する魂、という意味である。私たちの日常は、この二つの心がせめぎ合っているようなものだといえるだろう。

倫理学という観点からは、この「非難する魂」で十分なようだが、スーフィズムはそれではまだ不十分だと考える。なぜなら、「非難する魂」は一方で融通のきかない堅苦しさをもっていて、心の働きとして、自由だとはいえないからである。『論語』為政篇《いせい》は、「吾《われ》十有五にして学に志す。三十にして立つ。四十にして惑わず。五十にして天命を知る。六十にして耳順《したが》う。七十にして心の欲する所に従えども矩《のり》を踰えず」という孔子の言葉を伝えている。自分を高めようとして年々精進してきた結果、七〇歳でようやく、自分の心のおもむくままに行動しても、自然に道にはずれたことをしなくなるようになった、というのである。イスラームもまた、このような自由な境地を重んじ、それをクルアーンは「平安な魂」と呼んでいる。[4]

　私たちがふだん経験する、ゆれ動いてままならない心である「悪を命じる魂」、それを制御し、正しく生きることを自らに求める「非難する魂」という二つの段階をへて、本当に自由でとらわれない心のあり方である、三つ目の「平安な魂」に到達するというのが、スーフィズムの説く心の三段階である。

　これは、表層意識から深層意識へと精察を深めていくことを意味している。心理学者ユングは、人間の無意識の奥底には人類共通の素地が存在すると考え、これを集合的無意識と呼んだが、こういう考え方に類する思考も、スーフィズムは展開している。ユングの心理学を日本に紹介した河合隼雄は、その理論にもとづいた心理療法をおこなったが、スーフィズムの心理学も、修行者一人ひとりの心を研ぎ澄まし、魂の深みを切り開く心理療法として利用された。

　では、どのようにすれば、心を研ぎ澄ますことができるのだろうか。スーフィズムは、それは修行によるしかないと考える。心そのものを変えることは人間には難しい。神にいたることをめざして、不断に修行を積み重ねていくとき、神からの恩寵として心の変容が訪れると考えるのである。

4　「悪を命じる魂」はクルアーン12章53節，「非難する魂」は75章2節，「平安な魂」は89章27節にあらわれる。

具体的な修行法は、前章でみたズィクルやサマーウといったものだが、より理論的に修行と心との関係を説いた理論が存在する。それが、「修行階梯・心的境地」論である。修行は、人間の主体的な努力によってなされる。多くは師の指導のもと、段階を踏んで修行は進められる。例えばあるスーフィー[5]は、改悛、禁欲、放棄、沈黙、神への畏れ、哀しみ、清貧、神への信頼、満足の九つの修行階梯をあげている。ほとんどすべての修行階梯論で、最初にくるのは改悛である。まずは今までのいい加減な生き方を厳しく反省し、心を入れ替えることが修行の出発点である。

心のありよう（心的境地）は、修行が進むにしたがって、進化・深化していく。それを述べるのが心的境地論である。例えば、修行階梯が「畏れ」（神をひたすら畏れる）という段階に達すると、「収縮」（胸が心配でふさがる）という心的境地が訪れ、修行階梯が「希望」（神の救いを望む）に達すると、「拡張」（胸が安心ですっと広がる）という心的境地にいたる、といった具合である。主体的な修行と、客体的な境地が呼応するかたちで、修行者たちの心は切り開かれていくのである。

知る者と知られる者

人を評するときに、「あの人は物知りだ」というのと「あの人はわけのわかった人だ」

[5] クシャイリー（986～1072）。スーフィズムの古典理論を整理したマニュアルを書いたことで有名。

というのとは、ずいぶん違った印象を与える。前者はものごとをよく知っていることを指しており、例えば大学に勤める研究者は豊富な知識をもっているわけだが、ときに「専門ばか」と揶揄されたりもする。後者はこれとは異なり、ものの道理をわきまえ、単なる知識でなく、人生全般に対する深い洞察力をもっている人を指すようだ。

本章では知を求めるスーフィズムを描いているが、知に相当する言葉を、スーフィズムは二つに分けて説明する。一つはイルムという言葉であり、「学知」と訳せばよいだろうか。学校で学ぶような、知識・学問である。より具体的には、法学を中心とするイスラーム諸学に関する知識を指す。

これに対して、マアリファという言葉がスーフィズムに関わる知として用いられる。「知恵・智慧・叡智・霊知・真知」などといった訳語をあてることができるだろう。これは、単に情報としてえられる知識ではなく、体験をとおして体得するしかないものである。この体得はザウクと表現されるが、文字どおりに訳すと「味わうこと」である[6]。例えば、梅干しの味は、食べたことのない外国の人にはいくら言葉で説明してもわからない。しかし一度でも実際に食べてもらえば、すぐにわかる。こういう形態の知である。

スーフィズムは、こういう知を用いて、神を知ろうとし、真理を知ろうとする。しかしここでも、修行が進んでくると、人間の主体性への疑念が生じてくる。知も、愛と同様、

6「味得」と訳すこともある。これは本来は仏教の用語であるが、スーフィズムのザウクの訳語としてもぴったりである。

知る主体と知られる客体によって構成される。人間がまずは知る主体となるわけであるが、この取るに足りない私が、絶対的な神と同等の存在として、主体と客体の関係に立ちうるものだろうか。

利己心・エゴの消滅がスーフィズムのめざすものであれば、「おれが、おれが」と主体を強調すること自体が誤りと思われてくる。それどころか、真なる存在は神だけなのであるから、むしろ神こそが知の主体なのだという考えが生まれてくる。さらに進んで、「人間が神を知る」ことは、「唯一なる存在の神が自分自身を知る」ときの自己知が被造物に反映したものだと考えられるようになる。愛に関して、愛する者と愛される者と愛そのものとの一体化が想定されたように、知に関しても、知る者と知られる者と知そのものとは一つだと考えられるようになるのである。

光のなかの光

これまで、スーフィズム＝イスラーム神秘主義ではないということを、縷々《るる》語ってきた。しかしそのことは、スーフィズムにイスラーム神秘主義的要素がないという主張ではもちろんない。それは認めたうえでなおかつ、その他の要素にも目を向けるべきだと述べてきたのである。

そこで本節と次節は、神秘主義としてのスーフィズムに焦点をあててみよう。神秘主義は、日常的な二項対立の世界をこえたなにか——それを真理と呼んでもよいが、ここでは絶対一者という言葉を用いておこう——の体験を核としている。それは例えば、禅の「悟り」の体験のようなものだと考えればいいだろう。

こういう体験をどう表現するかには、さまざまな方法がある。まずは語らない、という選択肢がある。言語が、なにかとなにかを分けるという二項対立的な機能を用いて成立するものである以上（例えば、「良い」は「悪い」と対立することで成立する）、二項対立をこえた絶対一者の体験は言語では表現しえないと考えるのである。スーフィズムでは、「無言の言葉」（リサーン・アル＝ハール）という概念でこのことを表現する。仏教では、釈尊がその真理を、華をひねって見せることで言葉を使わずに示し、一人の高弟だけがその意図を理解してほほ笑んだ（拈華《ねんげ》微笑《みしょう》）という逸話があるが、それとほぼ同様と考えてよい。

スーフィズム史の初期には、この体験を短い警句で表現することもおこなわれた。「我こそは神」[7]「我に讃えあれ」[8]といった警句は、人間としてエゴを消滅させ、神と一体化している状態で発された言葉である。これらは、神と人間とをはっきり分けて考えるのを基本とするイスラームにおいては危険思想であり、狂気の沙汰のように聞こえたので、あたかも酔っ払いがわけのわからないことを口走っているかのような言葉、という意味で「酔

7　初期の神秘主義者ハッラージュ（857もしくは859～922）の言葉。
8　初期の神秘主義者アブー・ヤズィード・バスターミー（？～874もしくは877）の言葉。

言」と呼ばれた。

古典期の終わりにあたる十〜十二世紀には、クルアーンやハディース、神学の用語などを用いて、神秘体験は表現されるようになる。これに続くかたちで中期に成立してくるのが、神秘主義哲学である。神秘主義哲学の一つの眼目は、まったき一である絶対一者から、どのようにして多の世界が生まれてくるのかを説明することであった。ここでは、スフラワルディーによる照明哲学と、イブン・アラビーによる存在一性論を取り上げ、しかし本書の性格から、なるべく哲学の語彙を使わないで説明してみよう。

スフラワルディーは、光を用いて一から多が成立することを説明しようとする(図4)。朝、生まれ出でたばかりのさんさんと輝く太陽こそが、完全なる存在の象徴である。あらゆるものは、この太陽の光をあびることで目にみえるようになる。例えば、空の月が輝いてみえるのも、月自体が輝いているのではなく、太陽の光を反射することで光ってみえるのである。この世のありとあらゆるものは、太陽の光を反射することで、あるいは太陽の光を分有することで、みえるようになり、存在するようになる。

朝日は東方から昇る。スフラワルディーにとって、東方は純粋無雑な一者の光輝く世界であり、これに対して西方は、粗雑な肉体の闇の世界である。私たち人間は、本来神のみもとに、すなわち東方に生まれたはずなのに、肉体の闇にからめとられて、西方への流刑

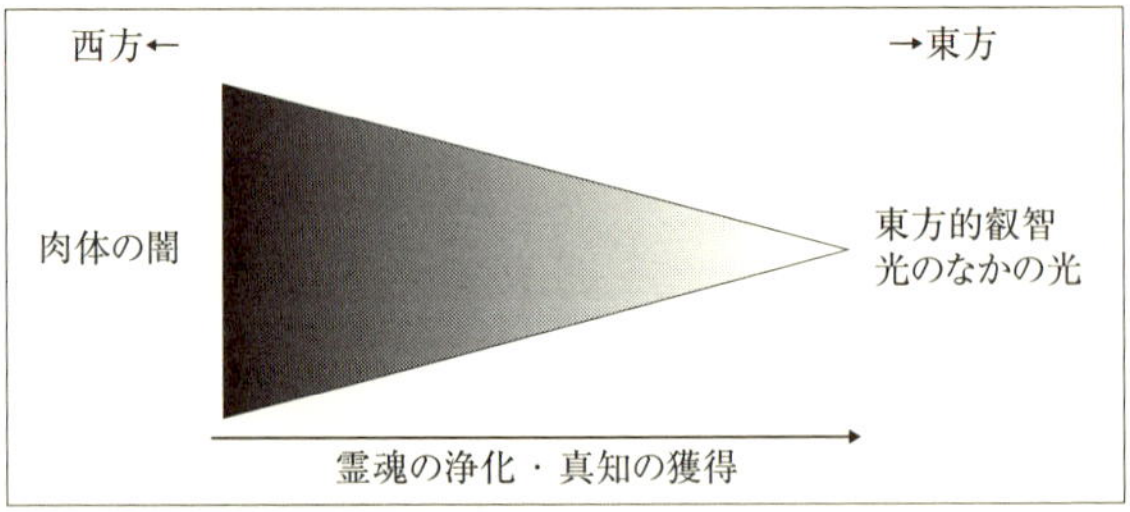

▲図4　照明哲学の概念図

に処せられている。そこで、霊魂を浄化し、真知を獲得することによって、東方に向かおうとするのが、照明哲学である。

アッラー以外に存在はない

ムスリムが誰しもおこなわなければいけない五行の第一が信仰告白であり、その言葉の前半部は「アッラー以外に神はない」である。[9] これは、多神教の否定・一神教の宣言であるが、この言葉は、神以外の被造物の存在にはなんら言及していない。むしろ、創造者たる神と被造物の区別が根底にあったうえで、その神を並べ奉ってはならない、といっているのである。

ところがここに、「アッラー以外に存在はない」と唱える神秘主義哲学者があらわれる。イブン・アラビーである。ただアッラーだけが真の存在であり、それ以外のものは独立した存在を有していない、という一元論である。この一元論を存在一性論と呼ぶ。

ではこの存在一性論で、一と多の関係はどのように説明されるのだろうか。イブン・アラビーは、絶対的な一と多との間に、相対的一性と呼ばれる一かつ多の領域をおいて、これを説明しようとする（図5）。私なりにわかりやすくこれを説明するために、ゆで卵を思い浮かべていただこう。ゆでたばかりのゆで卵の殻は、もちろん卵型をなしていて、一つ

9 信仰告白の言葉の後半部は，「ムハンマドはアッラーの使徒である」である。

の存在である。これをお皿の縁などでたたいてひびを全体に入れてやると、全体としてはまだ一つにまとまっているものの、そのじつ、殻自体は割れてしまっている。すなわち、一でありながら多を内包する状態である。このひびにそって殻をむいてやれば、ばらばらの殻、多なる殻が生起することになるのである。

私たちはふだん、多の世界に生きている。だからこそ、他人との間の軋轢に苦しみ、不満をつのらせることになる。しかし、根源的に実在するのは一だけであり、そこに帰一することこそが重要だと思えるようになれば、私たちのこのような物思いから逃れることができるだろう。

イブン・アラビーは、苦しみに満ちた不完全な私たちの存在を、「動物人間」と呼ぶ。けだもののように、本能や欲望に突き動かされるままに生きている人間である。こういう状態から脱し、一の世界にめざめるこ

▶存在一性論を象徴する泉　一から多が生まれ，また一にもどっていくことを象徴している（トルコ，コンヤ）。

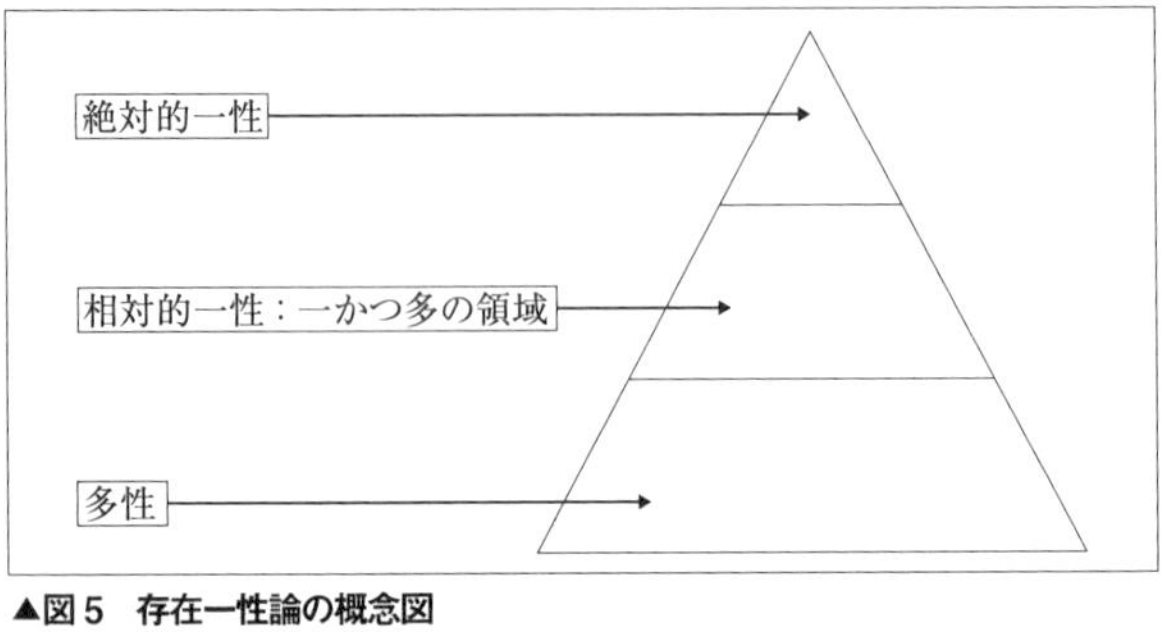

▲図５　存在一性論の概念図

とが人間のめざすべき道であり、これを成しとげた人を、「完全人間」と呼ぶ。完成された人間像である。

　完全人間はもはや、自己と他者の表面的な区別などに惑わされることはない。いずれも同じ一者のあらわれなのである。それは、人間同士だけではない。この世界・宇宙すべてが、一者のあらわれであり、私たちはお互いの姿をお互いの鏡像に映し合って生きているのである。ここに、大宇宙と小宇宙の一致の考えが生まれる。さらに、完全人間は神の似姿であるといわれるがゆえに、神と人間の一致という考えも生まれる。このようにして、神と人間と宇宙の三者が共鳴し合う壮大なイメージがここに描かれるのである。

（東長　靖）

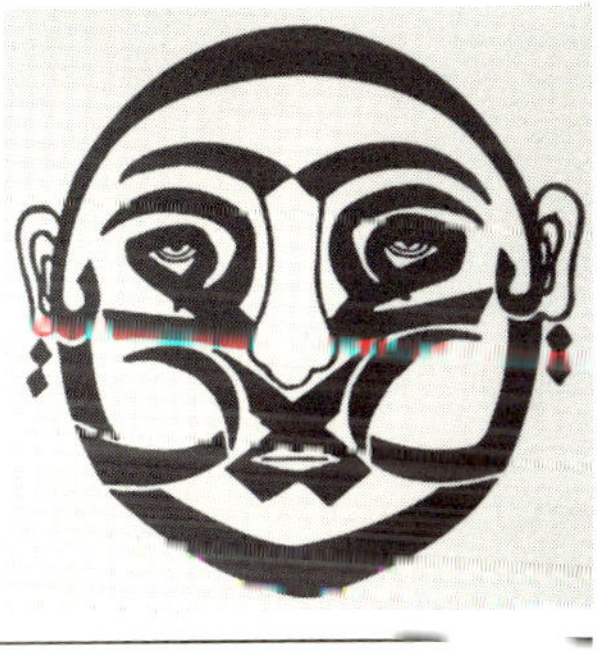

▶完全人間の像　「アダムの顔かたちであらわれたアッラーである」と書かれている（トルコ，ハッジ・バクタシ）

Column #01

中国にもあるイスラーム神秘思想

イスラームというと中東のものと思いがちだが、全世界約二〇億人のムスリムのうち、中東に住む人々の割合は四分の一程度にすぎない。もっとも多いのは南アジアで、ムスリム全体の約三分の一を占める。一国単位でムスリム数のもっとも多いのは東南アジアのインドネシアで、二億人を超えている。

お隣の中国にも、じつは二千万人をこえるムスリムが住んでいる。漢語(いわゆる中国語)を話し、顔立ちもふつうの中国人のようにみえるのが回《かい》族。彼らは、儒教の経典にもつうじ、日本では回儒《かいじゅ》と呼ばれてきた。他方、中国西北部に住むウイグル人などは、ウイグル語という日本語にある程度似た言葉が母語で、漢族とは別の文化を築いてきた。

そのどちらにおいても、スーフィズムは広く受け入れられ、実践されている。ズィクルという修行もおこなわれているし、スーフィズムの古典テキストの学習にも余念がない。聖者廟への参詣も、広くみられる習慣である。

写真は、中国西北部の都市、蘭州にある霊明堂というスーフィズムの修行場でみつけた漢詩である(蘭州は回族が多い)。「真面本無二鏡多顕面多」と書いてある。「真実の顔は本来無二にして一つなのだが、鏡が多いので多くの顔になって顕《あらわ》れるのだ」というような意味である。本来一者だけが存在するが、それが多者となって顕現してくる、ということで、これはまさしく、イブン・アラビーの唱えた存在一性論の思想にほかならない。お隣中国にまで、イスラーム神秘思想は広がっているのである。

中国に広がるイスラーム神秘思想についてさらに知りたい人には、中西竜也『中華と対話するイスラーム――十七～十九世紀中国ムスリムの思想的営為』（京都大学学術出版会、二〇一三年）の一読を勧めたい。

（東長　靖）

▲中国蘭州の霊明堂の漢詩

第4章 フロンティアと混沌の世界

歴史のなかのスーフィズム

スーフィズムは、ガザーリー(一〇五八〜一一一一)の営為によってスンナ派信仰のなかに位置づけられ、十三世紀には法学・神学・スーフィズム(タサウウフ)の三つをともに解説するマニュアル的な綱要が多く執筆されるようになった。一方で実際の社会には、独自のイスラーム理解およびスーフィズム理解をもって、つねに規範から逸脱する人々が歴史上存在した。そうした人々はスンナ派信仰の点から好ましくないものとみなされ、ときに政権から抑圧を受け、ときに姿かたちを変えてしぶとく生き残った。イスラームの境界は曖昧であった。とりわけその曖昧さを体現したのがスーフィーであった。

本章以降では、トルコ系遊牧民がアナトリアに流入して以降オスマン朝が滅亡するまでにいたる、スーフィズムとそれを取り巻く歴史を概観する。ここでスーフィズムという場合、境界上にあり周縁的とされるものも含む、あるいは境界とされるものを行き来する

「広い」意味でのスーフィズムを指す。すなわち、われわれがふつうにスーフィズムと聞いて思い浮かべるものだけではなく、歴史上社会的に現象したできごとを、一部にでもスーフィズムにかかわる要素がみられるならば、これを取り上げるということである。可能なかぎりスーフィズムの枠を広げてさまざまな問題をあつかうことで、歴史的にスーフィズムの諸相を描くことを試みた。

トルコ族の侵入

十一世紀前半からアナトリアへの侵入を繰り返してきたトルコ系遊牧民は、セルジューク朝のアルプ・アルスラン(在位一〇六四〜七二)が一〇七一年にマラーズギルトの戦いでビザンツ皇帝軍を破ると、同地に本格的に流入しはじめた。その結果成立したルーム・セルジューク朝(一〇七五〜一三〇八年)は十三世紀の前半に最盛期を迎え、当時の西アジアでもっとも安定していたといいうる国家をつくりあげた。しかし一二四〇年に起こったババイーの反乱によってその安定はもろくもくずれ、四三年キョセダウの戦いでモンゴル軍に敗れて属国と化すと、アナトリアはふたたび混乱の時代を迎えた。アナトリア各地にはトルコ系の君侯国が簇生《ぞくせい》した。アナトリア北西部の小君侯国から発展したオスマン朝は、バルカンで支配を拡大しつつ、アナトリアで君侯国を相手に同地の支配をめぐって戦いを繰り広げることになった。これは同時に、オスマン朝政権がトルコ系遊牧民をいかにして統御するかという問題に繋がり、さらに彼らの理解にもとづく信仰をいかにあつかうかという問題にも繋がることとなった。

オスマン朝成立以前の都市文化

オスマン朝勃興以前のアナトリアでは、ルーム・セルジューク朝最盛期の十三世紀前半にイスラーム文化が花開いた。首都コンヤではペルシア語・アラビア語による高度な知的活動が活発におこなわれ、同世紀後半になってもその状況は続いた。ペルシア語神秘主義詩は最盛期にあり、思弁的神秘哲学は発展期を迎え、この時代に書かれた著作は後世に多大な影響を与えた。十三世紀のアナトリアはスーフィズムの歴史においてもっとも重要な場の一つであった。

この時期にコンヤで活動した代表的な人物が、ジャラールッディーン・ルーミーとサドルッディーン・クーナウィー（一二〇九頃〜七四）である。ルーミーは幼少のころに、父や家族とともにホラーサーン地方のバルフを出立し、一〇年以上の流浪ののち、ルーム・セルジューク朝君主カイクバード一世（在位一二一九〜三七）のまねきでコンヤに落ち着いた。『シャムセ・タブリーズ詩集』と『精神的マスナヴィー』はともに同地で著されたル

[1] 1201〜74年。シーア派十二イマーム派神学の大成者であり，イブン・スィーナー哲学の系譜に連なる哲学者としても名高い。

[2] 1213〜89年。イランのハマダーン近郊の出身。カランダル（55頁参照）とともにインドに赴き，ムルターンでスフラワルディー教団のシャイフ，バハーウッディーン・ザカリーヤー（1262もしくは66もしくは67/68〜1169/70もしくは70/71もしくは82/83）の弟子，娘婿となり，その後アナトリアにきた。

ーミーの代表作で、とくに後者はペルシア語神秘主義詩の最高峰と称され、現在にいたるまで広く読まれ、多くの注釈がつけられてきた。

一方、ルーミーの葬儀を取り仕切ったことでも知られるクーナウィーは、後世に与えた思想的影響の大きさでイスラーム神秘主義史上最も重要な思想家の一人に位置づけられるイブン・アラビーの娘婿にして高弟であった(イブン・アラビーは一時期コンヤに滞在した)。イブン・アラビーの思想はクーナウィーによって哲学的に体系化され、彼に師事した弟子たちによってさらなる発展をとげる機会をえた。またクーナウィーはナスィールッディーン・トゥースィー[1]と書簡を交わし、理性と神秘主義的知の優劣について議論するなど、アナトリアのみならず当時のイスラーム世界においても卓越した思想家の一人であった。

この時期にアナトリアに滞在して活動したスーフィーはほかにも数多くいた。クーナウィーに師事し、ルーミーとも交流をもったファフルッディーン・イラーキー[2]は、ペルシア語作品『閃光』をコンヤで執筆した。この書は存在一性論の立場に立って、とくに愛に関する概念を韻文混じりの文章で解説した、彼の代表作である。イラーキーは、当時の政権において実権を有していたムイーヌッディーン・パルヴァーナの帰依を受け、彼のためトカトに建設されたハーンカーで弟子たちを教導した。イラーキー以外にもクーナウィーに師事し、アナトリアで一時活動したティリムサーニー[3]、ジャンディー[4]、ファルガーニー[5]らは

3 1213〜91年。クーナウィーの哲学的傾向をもっともよく受け継いだとされる。イブン・アラビーの『叡智の台座』以外にもニッファリー，アンサーリー，イブン・ファーリドの作品に注釈をつけた。現アルジェリアのトレムセン出身。

4 ？〜1291年。イブン・アラビーの『叡智の台座』に詳細な注釈を初めてつけ，「第一の注釈者」と称された。中央アジアのジャンド出身。

5 1223頃〜1300/01年。クーナウィーの講義録をまとめ，それに注釈をつけた。またイブン・ファーリドの詩にペルシア語で注釈をつけ，ムイーヌッディーン・パルヴァーナに献呈した。中央アジアのフェルガナの都市カーサーン出身。

イブン・アラビー学派の形成に大きな役割をはたしたスーフィーであった。

クブラヴィー教団[6]に属するナジュムッディーン・ラーズィー・ダーヤ(一一七七～一二五三／五四／五六)もクーナウィーと交流のあったスーフィーである。彼は主著『始原から帰るべき場所に至る僕たちの大道』を、一二二三年にスィヴァスでカイクバード一世に献呈した。この書物はジャーミー[7]の著作と並んで、中国ムスリム最大の思想家である清代の劉智(一六六〇頃～一七三〇)に大きな影響を与えた。

アウハドゥッディーン・キルマーニー(一一六四～一二三八)は、神の美の顕現を存在物のうちにみて、それにふれることを基本としたスーフィーであった。おもにカイセリに居住して多くの弟子をもち、他の都市にハリーファを送っていた。バグダードのカリフとも関係を有し、フトゥーワ[8]組織の一員であったとする研究も存在する。

スーフィーたちがアナトリアの各都市で知的活動を展開していたころ、すなわち十三世紀の半ばから、同じく都市においてアヒーといわれる成員からなる組織が形成されはじめた。この組織はフトゥーワの倫理的要素とスーフィズムの神秘的要素をかね備え、とくに商工業者の間に広がった職業的・宗教的な団体であった。一三三二年にアナトリアを訪れたイブン・バットゥータは『大旅行記』のなかで各都市のアヒーに歓待を受けたことを記しているが、なかには中央権力が弱体化するなかで、都市において社会的に大きな力を振

6 ナジュムッディーン・クブラー(1145頃～1221)を名祖とする教団。ホラズム地方を発祥の地とし，中央アジア・イラン・南アジア・東南アジア・中国など広範囲に広がった。

7 1414～92年。ティムール朝下で活動した詩人・学者で，ナクシュバンディー教団に属した神秘家でもあった。なお彼がイラーキーの『閃光』につけた注釈『閃光の照射』は，数多くの注釈のなかでもっとも著名なものである。

8 原義は「若者らしさ」で，勇敢・誠実などを徳目とする一種の倫理。アッバース朝カリフ，ナースィル・リ・ディーニッラー(在位1180～1225)のもとで再組織化され，入会儀礼をおこなう秘儀団体の性格をもつとともに，スーフィズムとの結びつきを強めた。

るったアヒーも存在した。アヒーは、サルマン・ファールスィー[9]、アブー・ムスリム[10]、ナスィールッディーン・マフムード・フーイーすなわちアヒー・エヴラン（あるいはエヴレン、一二六二もしくは一三〇〇〜一七）などを自らのピール（守護聖者）とみなしていた。とくに革なめし職人のエスナーフ（ギルド）に結びつけられる伝承をもつアヒー・エヴランは、伝説に包まれた部分が多いものの、アヒー組織の創設者とみなされることもあり、アナトリア・バルカンをこえる地域でエスナーフのピールと考えられるようになった。

遊牧民と「ババ」

十一世紀に本格的に始まったトルコ族のアナトリア流入は、モンゴルの西征にともなってさらに加速した。トルコ系遊牧民の流入とともに、多くのスーフィー、シャイフやデルヴィーシュ[11]がアナトリアに新天地を求めて東方から移住してきた。そのなかには、都市で修道場[12]（テッケ、ザーウィヤ）を構えて人々の教導にあたったスーフィーや思索と著述に勤しんだスーフィーとはまた異なったタイプが多く見受けられる。彼らは多様な背景をもっていたが、そのうちの一つに、トルコ系遊牧民と密接な関係をもち、その多くがババという称号を帯びたシャイフやデルヴィーシュがいた。彼らはある場合には遊牧集団に宣教する者であり、集団の霊的指導者であった。ある場合には遊牧集団を率いる長でもあった。

9　568頃〜655/656年。イランのイスファハーン出身でムハンマドの教友。スーフィーの祖とみなされることもある。
10　718/719もしくは723-727〜755年。アッバース朝革命においてホラーサーン軍を率いて重要な役割を演じたが，のちに粛清された。後世，アブー・ムスリムの事績を伝える武勲伝がアラビア語・ペルシア語・トルコ語で編まれ，人々の間で流布した。
11　一般にスーフィズムの修行者を指す語。史料においてはスーフィーと同義語的に用いられることも多い。シャイフは師あるいは長を示す。
12　ほかにもハーンカーフ（ハーンカー），デルギャーフ（ダルガー），アースィターネ，リバートなどさまざまな名称で記される。

遊牧集団の外から霊的教導のためにまねかれる場合もあれば，遊牧集団に出自を有する場合もあった。デデ・ガルクン[13]の例にみられるように遊牧集団と同じ名をもつシャイフも存在した。前述したババイーの反乱の指導者であるババ・イリヤース[14]やババ・イスハークもこうした環境下にあったババと考えられる。

イスラーム化した遊牧民の信仰はシャマニズムなどトルコ系遊牧民が元来有していた信仰に起因する要素を多分に含んでいた。これは遊牧民と活動するシャイフによるイスラーム理解およびスーフィズム理解に起因するとも考えられるし，シャイフたちが教導の際に遊牧民の環境に適合させたとも考えられる。いずれにせよ遊牧民は自ら理解したかぎりのスーフィズムの教説や実践を自己の環境において表現した。ただしその多くが，スンナ派信仰の護持者たるウラマー（イスラーム知識人）が主張する「あるべきイスラーム」とは相容れないイスラーム理解にもとづいた信仰と実践であったこともまた事実であった。彼らの信仰のあり方は都市のスンナ派ウラマーによって正しい信仰から逸脱したものとみなされた。歴史家イブン・ビービー（?～一二八五以降）が記す以下のババ・イスハークに関する描写はこうした様子をうかがわせるに十分であろう。

〔ババ・イスハークは〕，とりわけ都市の住民との交際が少なく，愚かなファキーフや人を誑かすムフティーから聞いた僅かの妄言も頭から信じて疑わず，その言説には固

13 生没不詳。南東アナトリアにおいて遊牧民のイスラーム化に大きな役割をはたした人物。ホラーサーン出身であるが，イラクで成立したワファーイー教団のスィルスィラに属するシャイフで，ババ・イリヤースの師とされることもある。

14 ？～1240年。ホラーサーン出身。ワファーイー教団のスィルスィラに属するシャイフで，オスマン朝の著名な年代記作家アーシュクパシャザーデの5代前の祖でもある。ババ・イスハーク（？～1240）の師とされる。

より全く拒否の態度を示すことのないトルコ諸族の宣教に従事していた。（中略）〔彼はある村で〕限りない信頼感と敬虔心と培っていた。如何なる者からも多少なりとも物を受け取ろうとせず、毎日の糧を切り詰め、面倒をみる村の人々の羊や家畜には慈愛を以て接した。彼の禁欲と苦行に惹かれて村の人々は男女を問わず彼の信仰に従い、彼の企てに与するようになった。（中略）彼は自らのペテンが完全な段階に達し、多くの与党を出現せしめたことを知ると村から出て村の近くの丘に庵を築き、そこで意のままに勤行と禁欲生活を営んだ。（中略）彼のムリードたちは交代でトルコ人集団が少しでもいる方向へは何処へでも出向き……（後略）

（Ibn Bībī, al-Awāmir *al-ʿalāʾīya fī al-umūr al- al-ʿalāʾīya,* 井谷鋼造訳、〔 〕内は引用者による補足）

カランダルの潮流、あるいは「新たなる禁欲主義」

前述のごときババ以外に、カランダルと一般に総称される遊行デルヴィーシュたちもアナトリアやバルカンに足跡を残した。十一世紀にホラーサーン地方に発生したカランダルの潮流は、一般に現世的価値の拒否や社会的規範の否定と破壊という性格をもっていた。カランダルは一カ所にとどまらず、財産を所有せず、施しによって生きた。カランダルを

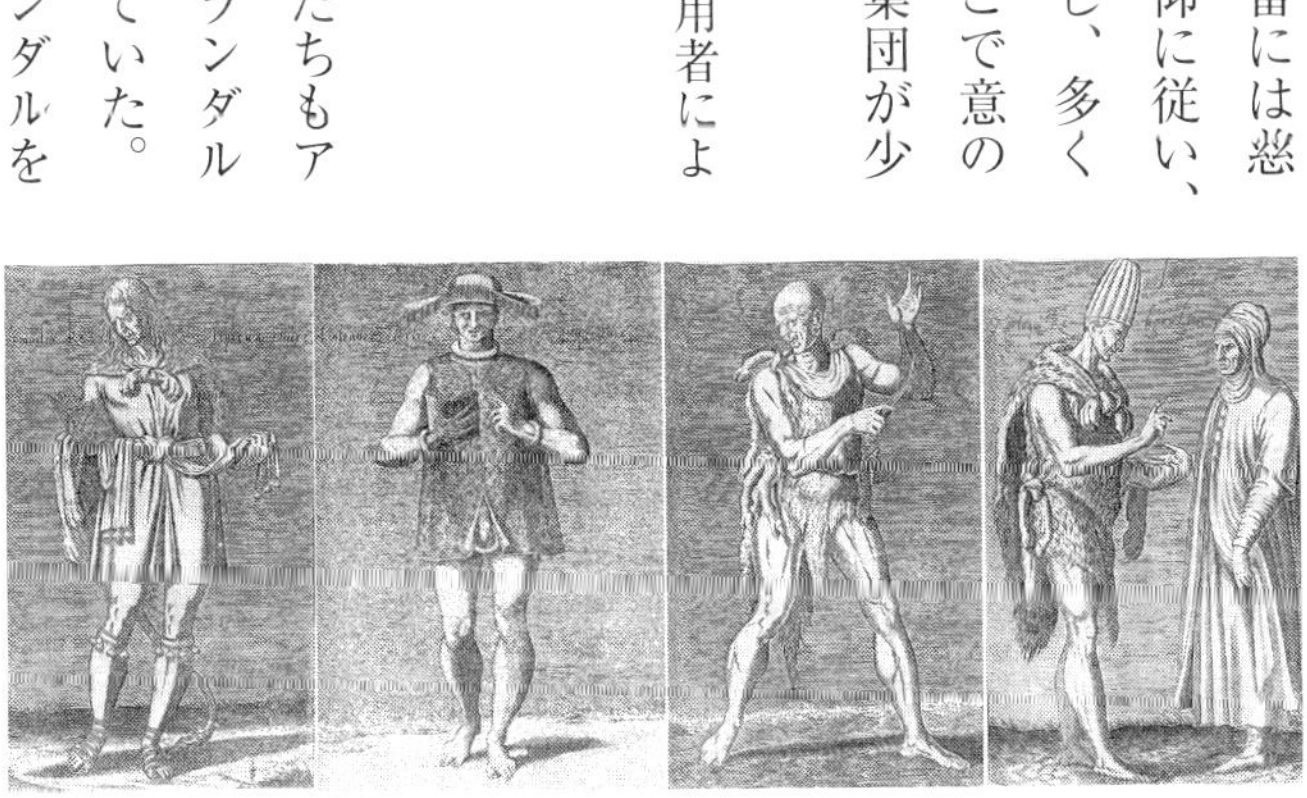

▲カランダルの潮流に属するデルヴィーシュ

本来的な意味でのスーフィーとみなすことはできないが、境界は曖昧で、スーフィーに含めて考える人たちがいたことは事実であるし、カランダル的要素はのちに形成されるいくつかのタリーカにおいて一つの「傾向」として存在し続けた。

こうした遊行デルヴィーシュは十三世紀にジャマールッディーン・サーヴィー[15]のもとで初めて集団化し、カランダリー教団が形成された。その後十三世紀から十五、十六世紀にかけて、ユーラシアの各地で同様の傾向を有するさまざまな集団が出現した。汎ユーラシア的ともいえるこの現象のなかで、アナトリアにも十三世紀のうちにカランダリー教団[16]やクトゥブッディーン・ハイダル[17]が創設したハイダリー教団が流入し[18]、またジャーミー(前述のジャーミーとは異なり、ここでは集団の名称)やトルラク、さらにルーム・アブダル[19]など、この潮流に位置づけられるさまざまな集団が存在した。

彼らは特徴ある外見を有し、その異形ぶりは都市のスンナ派ウラマーにも強い印象を与えた[20]。アナトリアのトカトに生まれたとされ、イルハン朝君主オルジェイトゥ(在位一三〇四〜一六)の使節にもなったバラク・ババが、一三〇五年(あるいは一三〇六年)にダマスクスにあらわれたときの様子を伝えるマムルーク朝史料には、以下のようにその外見が記されている。

〔バラクの〕特徴は、顎髭がすべて剃られ、口髭のみが残されていること、肩に端の

15 ？〜1232/33 年。テヘラン南西のサーヴェ出身。教団の創設者となったが，本人は集団生活をきらい，墓地で起居するなどしたと伝えられる。下エジプトのダミエッタで死去。

16 アナトリアではジャウラキーとも記録された。最初ダマスクスで，さらにダミエッタでザーウィヤがつくられた。イブン・バットゥータはダミエッタにある彼らのザーウィヤについて記述している。

17 ？〜1221/22 年。ホラーサーン出身でアフマド・ヤサヴィー(後述)の弟子とされる。ヤサヴィーによってホラーサーンに派遣されたものの，自身はカランダル的な特徴を有するハイダリー教団を創設した。しかしクトゥブッディーン・ハイダルとアフマド・ヤサヴィーの関係については，歴史的に確実とみなすための史料を欠いていることが指摘されている。

ねじれた杖を担いでいることであった。彼らすべて〔の頭に〕は水牛の角に似たフェルト帽の角があった。彼らはヘンナで色づけした雌牛のくるぶしの骨〔を繋げた〕紐をネックレスにして首に掛け、ベルを掛けている。彼らは全員が上の前歯を欠いている。

(al-Ṣafadī, Aʻyān al-ʻaṣr wa-aʻwān al-naṣr, v. 2, 681-682)

またティムールのもとに使節として赴いたクラヴィホが一四〇六年に通過した東アナトリアの一村の様子を描写した記述からは、こうした集団が都市以外にも定住してザーウィヤを構え、地域住民の帰依を受けていたことがわかる。

(前略)その地方のイスラム教徒はみな、これらの僧侶たちに莫大な喜捨をするし、この修道僧長は宗教生活に入っているものの長であるとともにここの村の長でもある。一般の人たちは、彼らをみな聖者だと思っている。この修道僧たちはひげも頭もそり、ほとんどはだしで歩いている。寒暑をとわず街頭に出て歩きながら食べ、手に入り次第のボロ切れを身にまとい、夜も昼もタンバリンを持って歩きながら聖歌をとなえる。彼らの庵室の門の上には黒い毛織の房のついた、上に月形の飾りのある旗をかかげてあり、その下には鹿、山羊、羊の角が二列に並べてある。通りを歩くとき、これらの角を戦利品のように持運ぶ習慣もあり、とにかく、これらの角は一つのしるしとして全修道僧たちの家に上にかかげられるのである。

18 カランダリー教団についてはジャマールッディーン・サーウィーの弟子の1人とされるアブー・バクル・ニクサリーがコンヤにテッケを構え多くの弟子を有したことが，ハイダリー教団についてはクトゥブッディーン・ハイダルの弟子と考えられているハジ・ムバーラク・ハイダリーがコンヤのザーウィヤでシャイフ職に就いていたことが記録されている。

19 Abdalan-ı Rum，ウンュクとも称される。ルーム・アブダルは同様の傾向をもつデルヴィーシュたちのゆるやかな集団，あるいは総称と考えられている。活動の中心はエスキシェヒルのサイイド・ガーズィー・テッケであり，とくに中央アナトリアやバルカンにテッケや聖廟を有した。代表的人物としてスルタン・シュジャーやオトマン・ババの名があげられるほか，著名な詩人を輩出した。

20 外見的には髪・眉・顎髭・口髭を剃り落とす「チャールダルブ」により特徴づけられる。ただし蓮髪のカランダルも存在するように，そのありさまは一様でなかったと考えられる。

（クラヴィホ〈山田信夫訳〉『チムール帝国紀行』桃源社、一九七九年）

タリーカの流入

イスラーム世界では、十二〜十三世紀からタリーカ（教派・教団）が成立しはじめて、スーフィーはなんらかのタリーカのスィルスィラ（道統）に属することが一般的となっていく。アナトリアにおいても同様に十三〜十四世紀にかけて、スーフィーはタリーカによってスィルスィラに組み込まれ「組織化」されていった。アナトリアの外で成立したタリーカが流入する一方で、各地で聖者崇敬を一つの核とした局所的な師匠—弟子関係が形成され、新たなスィルスィラが徐々にかたちづくられていった。のちの時代にみられるようなかたちのタリーカはまだできておらず、いわば過渡的状態にあった。スーフィーの活動はアナトリアのイスラーム化に大きな役割をはたしたとされるが、最初期に存在や活動が確認される外来のタリーカは、カランダリー教団、ハイダリー教団を除けば、スフラワルディー教団[21]、リファーイー教団[22]、カーザルーニー教団[23]、ワファーイー教団[24]などであった。

リファーイー教団は十三世紀半ば以降中央アナトリアのいくつかの場所でその存在が確認されており、のちにはアナトリアの東西にいたる地域に広がっていった。スフラワルディー教団は、実質的創設者のシハーブッディーン・ウマル・スフラワルディー（一一四五

[21] アブドゥルカーヒル・スフラワルディー（1097 頃〜 1168）を名祖としてイラクで成立した教団。
[22] アフマド・リファーイー（1106 〜 1182）を名祖としてイラクで成立した教団。
[23] アブー・イスハーク・カーザルーニー（963 〜 1033）を名祖としてイランのファールス地方に成立した教団。
[24] アブルワファー・バグダーディー（1026? 〜 1107）を名祖としイラクで成立した教団。

〜一二三四)がフトゥーワ組織の拡大を企図するアッバース朝カリフ、ナースィル・リ・ディーニッラーの使者としてコンヤを訪れたことでアナトリアに導入され、ファフルッディーン・イラーキーのもとで一定の活動がみられたが、十四世紀以降は影響力を失った。

イスハーキー教団の名においても知られるカーザルーニー教団は、「ガリーのシャイフ」と称された名祖アブー・イスハーク・カーザルーニーがビザンツ国境に送り込んだ弟子たちの系譜をつうじて、十四世紀前半にはアナトリアに入ってきたと考えられている。十五世紀にはバヤズィト一世(在位一三八九〜一四〇二)によってブルサにテッケがつくられるなど重要な地位を占めたが、十七世紀には他の教団のなかに吸収されて姿を消した。

近年オスマン朝成立以前のアナトリアにおけるイスラーム化に重要な役割をはたしたとする見解が出ているのがワファーイー教団である。ワファーイー教団の道統につながるシャイフやデルヴィーシュとして名があげられる前述のデデ・ガルクン、ババ・イリヤースあるいはゲイクリ・ババなどの活動によって、同教団は遊牧民を中心にアナトリアのイスラーム化に重要な役割をはたしたとする見解である。

従来アナトリアにおける民衆的スーフィズム理解に大きな影響を与えたとされてきたのは、ヤサヴィー教団[25]のスーフィーたちであった。しかしじつのところヤサヴィー教団のアナトリアでの活動に関する具体的な記録は後代の文献を除いて存在しないため、ヤサヴィ

[25] アフマド・ヤサヴィー(?〜1166/67)を名祖として中央アジアで成立し，トルコ系遊牧民のイスラーム化に大きな役割をはたした教団。しかしヤサヴィー教団自体の実質的な形成は16世紀以降に下るという研究があり，さらにアフマド・ヤサヴィーの没年を13世紀最初の四半世紀とする見解も存在する。

ーの伝統がアナトリアにおけるスーフィズム理解に大きな影響を与えたとするファアト・キョプリュリュ[26]以来のテーゼは書き換えられるべきであるという主張がなされている。ヤサヴィーの伝統を完全に捨象すべきかどうかについては研究者によって見解が異なっており、またヤサヴィー教団にかわるものとしてワファーイー教団の役割をどの程度まで評価すべきかについても研究者によって幅があるため、この問題は完全に決着をみたとはいえない。しかし、少なくともアナトリアの民衆的スーフィズムの起源を考える際に、スーフィーたちのスィルスィラが中央アジア・ホラーサーンのみならずイラクあるいはシリアにも求められるべきであるとの指摘は重要である。

アナトリアにおけるタリーカの形成

アナトリアで形成された教団にはメヴレヴィー教団、ベクタシー教団、バイラミー教団がある。メヴレヴィー教団は、ジャラールッディーン・ルーミーを名祖とし、その子スルタン・ヴェレド（一二二六～一三一二）を実質的な創始者とする教団で、十五世紀までは修行・儀礼などが整えられていった形成期にあたる。同教団はルーミーの思想的遺産を継承したが、教団内には二つの対立する傾向が存在した。スルタン・ヴェレドに代表される「醒めた傾向（ヴェレディー）」とその息子ウル・アーリフ・チェレビー（一二七二～一三二

[26] 1890～1966年。トルコ共和国を代表する歴史家・文学史家。その博識をもってトルコにおける近代歴史学の草創期に決定的な貢献をなしたが，トルコ民族主義にもとづく史観を有していた。

○)に代表される「陶酔した傾向(シェムスィー)[27]」である。前者はシャリーア遵守を特徴とするが、後者はカランダル的な色彩を帯びたものであった。教団はスルタン・ヴェレドおよびウル・アーリフ・チェレビーのもと社会の上層階級に支持者をえて、西アナトリアのトルコ系君侯国において急速に広がった。

十五世紀半ば以降数多くの都市にテッケが創設されていったが、この時期の教団拡大にもっとも大きな役割をはたした人物の一人ディーヴァーネ・メフメト・チェレビー(?〜一五四四以降)はシェムスィーの系統を代表する人物であった。彼はアフィヨンカラヒサルのメヴレヴィーハーネ(メヴレヴィー教団の修道場)のシャイフ職を務めたが、彼のことを記すいくつかの文献は、彼がカランダルのように「チャールダルブ」をしていること、ワインを飲んでいたこと、若いころから胸がはだけたテンヌーレ(メヴレヴィーのデルヴィーシュが着る衣装)にカランダルの外套を着ていたこと、さらにさまざまな場所を遍歴したことなどを伝えている。また詩人としても有名なシャイフ、ユースフ・スィネチャク(?〜一五四六)もシェムスィーの傾向を有する人物であった。社会の上層階級に好まれたのがヴェレディーの系統であったことは確かであろうが、同教団におけるシェムスィーの系統の重要性もまた看過すべきではないだろう。

メヴレヴィー教団は、ルーミーの著作がペルシア語によるものであったため、オスマン

[27] ルーミーに大きな影響を与えたシャムセ・タブリーズィーに由来するため，シェムスィーと称される。

朝下においてマドラサ教育の一般的体系に入っていないペルシア語とペルシア文学の伝統を保持する役割をはたした。彼らは音楽の伴奏をともなう特徴的な儀礼セマーを実践し、「旋回するデルヴィーシュ」と呼ばれるが、音楽と踊りの重視は洗練されたオスマン朝古典音楽にも影響を与えることになった。

ベクタシー教団はババイーの反乱として表出することになるアナトリアの「異端」的な宗教運動のなかにその起源を有し、アフマド・ヤサヴィーの道統に連なるとされるホラーサーン出身のハジ・ベクタシ[28]を名祖とする。実際の創設者をハジ・ベクタシの弟子アブダル・ムーサーとすることもあるが、教団形成のプロセスは明らかではない。いずれにせよ十四〜十五世紀にかけて、各地の土着的なババに対する信仰を統合しつつ、徐々に形成されていったと考えられている。初期は教義・組織ともに未整備であったが、十六世紀になって「第二の師」バルム・スルタン(?〜一五一六)のもとで実質的に教団が形成された。ベクタシー教団の教義や儀礼には、ババが保持していたイスラーム化以前のトルコ系遊牧民の信仰や、カランダル的要素、キリスト教的要素、フルーフィズムの要素、シーア派的要素などが渾然と混じり合っていた。スンナ派の規範からすれば完全に「異端」であったが、ハジ・ベクタシがイェニチェリ軍団の守護聖者とされたこともあって同軍団と密接な関係を有し、オスマン朝下で大きな影響力を保持し続けた特異な教団であった。

28 ?〜1270年頃。ハジ・ベクタシがアフマド・ヤサヴィーの道統に連なることに関してはほぼ異論はないものの，同じくアフマド・ヤサヴィーの系譜に繋がるクトゥブッディーン・ハイダルの影響下にハイダリー教団のデルヴィーシュとしてアナトリアにきて，ババ・イリヤースの弟子となりワファーイーの道統に連なったとする見解も存在する。

新しいスィルスィラ（道統）の形成

タリーカの成立・流入は、オスマン朝期になっても継続した。バイラミー教団は、アンカラの戦い（一四〇二年）によるオスマン国家の一時的な解体とその後の継承争い、そして同朝の勢力回復といった政治的・社会的混乱状況において活発化した新しい宗教運動のなかから、アンカラのハジ・バイラム（一三三九／四〇？～一四二九／三〇）が創始したタリーカであり、アナトリアにおいて職工・農民・騎士の間で広がりをみせた。ハジ・バイラムはムラト二世（在位一四二一～四四、四六～五一）によってエディルネに召喚されるが、これはバイラミー教団がアンカラのみならずアクサライなど中央アナトリアで教勢を拡大することにムラト二世が危惧を覚えたためとされる。スーフィズムの伝道が民衆と結びついて危険な存在となりうると政権が警戒していたことを如実に物語る逸話であろう。教団はハジ・バイラムの弟子の時代にすでに異なる傾向をもつ二つの系統に分かれた。メフメト二世の霊的な導師アクシェムセッディン（一三九〇～一四五九）の流れをくむシェムスィーの系統とオメル・スィッキーニー（？～一四七五）に由来するメラーミーの系統である。前者は穏健で「正統」

◀ベクタシーの衣装

なものとみなされたが、後者はのちに政権から抑圧を受けることになる。なお同教団からはのちにマフムト・ヒュダーイー（一五四一～一六二八）によるジェルヴェティー教団が三番目の支教団として成立した。この教団は後述するハルヴェティー教団により近い特徴を有した。

十五世紀にアナトリアに流入した教団には、クブラヴィー教団、カーディリー教団、ザイニー教団（ゼイニー教団）、ハルワティー教団（ハルヴェティー教団）、ナクシュバンディー教団があった。

ブハラ出身のエミール・スルタン（一三六八～一四二九？）はバヤズィト一世の娘婿となり、ムラト二世にいたるスルタンの帰依を受けたブルサを代表する聖者であるが、彼がクブラヴィー教団に属するという説があり、そのかぎりにおいて同教団は彼と弟子の活動により一時期アナトリアに広がったとみなすことができる。カーディリー教団は、ハジ・バイラムの娘婿エシュレフザーデ・ルーミー（一三七七～一四六九）によってアナトリア（イズミト、ブルサ）にもたらされた。ザイニー（ゼイニー）教団はオスマン朝初期に重要な位置を占めた教団で、スフラワルディー教団の道統に繋がるザイヌッディーン・ハーフィー（一三五六～一四三五）によってホラーサーンで創設された。同教団は、ザイヌッディーン・ハーフィーの弟子アブデュッラヒーム・メルズィフォニーによってメルズィフォンへ、同じく弟子のアブドゥッラティーフ・クドゥスィーによってブルサにもたらされることでアナトリアに導入された。

ハルワティー（ハルヴェティー）教団はウマル・ハルワティー（?～一三九七／九八）を名祖としてアゼルバイジャンで創設された教団で、アナトリアにはアマスィヤのピール・イリヤースによってもたらされた。ピール・イリヤースの兄弟弟子にあたる、「第二の師」と称されたヤフヤー・シルヴァーニー（?～一四六四／六五）の道統からは、ウマル・ルーシェニー（?～一四八七）によるルーシェニー教団、チェレビー・ハリーフェ（ジェマール・ハルヴェティーとも称される、?～一四九四）によるジェマーリー教団、イイトバシュ・アフメト・シェムセッディン（一四三五～一五〇四）によるアフメディー教団、シェムセッディン・スィヴァスィー（一五二〇～九七）によるシェムスィー教団の四大支教団が成立し、これらからさらに四〇にもおよぶ支教団が生み出された。

中央アジアで生まれたナクシュバンディー教団は、ティムール朝下で絶大な権勢を誇った同教団のシャイフ、ホージャ・アフラール（一四〇四～九〇）の弟子アブドゥッラー・イラーヒー（?～一四九〇）によってアナトリアにもたらされたが、十八世紀と十九世紀には、同教団の別の系統がさらに流入することになる。

（今松 泰）

Column #02

聖者と伝承

オスマン朝がバルカンに進出する以前に同地に進出したサル・サルトゥク(?~一二九七／九八?)は、同時代に彼の事績を記した史料が存在しない、伝説に包まれた人物であり聖者である。メフメト二世の子ジェム・スルタン(一四五九~九五)の命により、一四七三~八〇年にかけてエビュルハイル・ルーミーが、彼の徳行伝・武勲伝である『サルトゥク・ナーメ』を編纂しているが、イブン・バットゥータの『大旅行記』、ムラト二世の命で十五世紀にヤズジュザーデ・アリーがトルコ語に訳した『セルジューク王家の歴史』、十五世紀末から十六世紀初頭に書かれたと考えられている『ハジ・ベクタシ・ヴェリの聖者伝』、十七世紀に書かれたエヴリヤ・チェレビーの『旅行記』ほか、多くの書物が彼のことに言及している。

『セルジューク王家の歴史』では、十三世紀中葉にテュルクメン遊牧民を率いてドナウ川下流域のドブルジャ地方に定住し、その後クリミアに赴いたのち、再度ドブルジャ地方にもどったことが記される。本文で言及したバラク・ババの師としても描かれている。『ハジ・ベクタシ・ヴェリの聖者伝』ではハジ・ベクタシの弟子の一人とされ、ルメリでイスラームの伝道に勤しんだこと、また木刀で龍を退治したことなどが記されている。エヴリヤ・チェレビーの『旅行記』には、各地に残るサル・サルトゥクの伝説やキリスト教徒との関係を示唆するものを含め、彼に関わるさまざまな逸話が記録されている。

こうしたさまざまな記録は、サル・サルトゥクが各地のガーズィー聖者の記憶を自身のうちに統合して伝えていること、および彼自身がベクタシー教団の伝統に組み込まれていったことを示している。また彼は聖ニコラオスと同一視されるとともに、龍退治によって聖ゲオルギオスに比せられるように、イスラーム聖者とキリスト教聖人の習合を示す人物でもあった。後者の例は、新来のものが以前からあった信仰・習俗などを読み替え、自らの文脈に取り込むという現象を体現しているものと考えられる。イスラームの聖者がキリスト教の聖者と同一視されたことは、イスラームが拡大するにあたって大きな力となったであろう。しかし、さらに興味深いことに、サル・サルトゥクは、十六世紀にエビュッスウードのファトワーによって、「禁欲生活のため骨の上に皮しかないキリスト教修道士」と非難された。これはまさに伝承が一回りして現実に影響をおよぼした例であろう。サル・サルトゥクはまことにフロンティアの聖者であったということができるであろう。

（今松　泰）

第5章　スーフィズムを取り巻く環境の変化

首都とタリーカ

アナトリアにおけると同様にスーフィーの伝統はバルカンにも広がっていった。オメル・ルトフィー・バルカンが「植民デルヴィーシュ」と称した人々の活動により、とくに十四〜十五世紀の初期征服時代、イスラームは新たな土地に広がり根づいていった。「植民デルヴィーシュ」の多くはカランダルの潮流に繋がるか、ベクタシー教団の伝統に属する（あるいは組み込まれることになる）スーフィーであった。また彼らのなかにはスーフィーであると同時にガザーをおこなうガーズィー聖者（アルプエレンとも称される）も存在した。[1] こうした植民デルヴィーシュは君侯国時代からオスマン朝初期にかけて、混沌としたフロンティアの世界に活動の場を求めた人々であった。バルカンにおいて「植民デルヴィーシュ」の足跡はドブルジャ、[2] デリオルマン、[3] ロドピ山脈東部、東トラキアなどに残されている。アナトリアやバルカンにおけるイスラームの拡大に「植民デルヴィーシュ」たちがはた

1 オスマン朝初期のブルサ包囲に参加したゲイクリ・ババやアブダル・ムーサー，トラキア征服に従事したセイイド・アリー・スルタン(クズル・デリ)，ブルガリアで活動したオトマン・ババなどが代表的なガーズィー聖者とみなされている。
2 ドナウ川下流から黒海にかけて広がる地域で，現在ルーマニアとブルガリアに属する。
3 ドナウ川下流域の地域，現ブルガリア領。

した役割は大きかったが、スーフィーは為政者との関係を有することで、その庇護や財政的援助をえることができ、タリーカのさらなる発展が保証された。それゆえイスタンブルがオスマン朝の新しい首都になると、タリーカのシャイフたちは、ある場合には招聘を受け、ある場合には自らテッケを構えることで、イスタンブルに進出した。

ゼイニー教団ではアブデュッラティーフ・クドスィーの弟子シェイフ・ヴェファー(?〜一四九一)がイスタンブルにテッケを創設した。シェイフ・ヴェファーにはのちにシェイヒュルイスラームとなるゼンビルリ・アリー[4]が弟子入りするなど、同教団はハルヴェティー教団とともに「正統」を代表する教団であったが、十八世紀には他の教団に吸収されて姿を消した。

ハルヴェティー教団をイスタンブルにもたらしたのは前述のチェレビー・ハリーフェである。彼はバヤズィト二世(在位一四八一〜一五一二)とコジャ・ムスタファ・パシャ[5]の招聘を受けてイスタンブルにやってきた。彼の系統は後継者スュンビュル・スィナン(?〜一五二九。自らのスュンビュリー教団を創設)、およびその後継者メルケズ・エフェンディ(一四六三/六四〜一五三二)のもと、イスタンブルを中心に着実に発展した。

スュンビュリー教団以外にもイスタンブルでは十六世紀以降いくつかの支教団が創設され、ハルヴェティー系の教団は十六〜十七世紀に最盛期を迎えた。チェレビー・ハリーフ

[4] ?〜1526年。シェイヒュルイスラーム職在任1503〜26年。
[5] ?〜1512年。バヤズィト2世治世末年およびセリム1世治世最初に大宰相職を務めたが、ブルサで処刑された。大宰相在任期間は1504/05〜06, 12年。

ェの別の弟子の系統に属するバーリー・エフェンディ(?〜一五三二)、ムスリフッディン・ヌーレッディンザーデ(一五〇二/〇三〜七三)の師弟はスレイマン一世(在位一五二〇〜六六)の信任が厚く、ハルヴェティー教団の隆盛に大きく寄与した。スレイマン一世没後、ハルヴェティー教団の勢いはさらにまし、ムラト三世(在位一五七四〜九五)のシャイフ、ハルヴェティー系シャーバーニー教団[6]のシェイフ・シュジャー(?〜一五八八)の時代に絶頂を極めた。ハルヴェティー教団は基本的に「正統」の範疇に入る教団であったが、支教団のなかにはギュルシェニー教団、ウッシャーキー教団、スィナニー教団のように議論を引き起こす教団もあった。また後述するように、彼らの儀礼の一つデヴラーン[7]はたびたび問題視され非難を受けた。

ナクシュバンディー教団はアナトリアにもたらされてすぐに、ホージャ・アフラール、アブドゥッラー・イラーヒー両者の弟子であったエミール・ブハーリー(一四四五〜一五一六)によってイスタンブルにもたらされた。ヤサヴィー教団の色彩を帯びたアルカイックな要素が批判を受けることはあったものの、基本的にウラマーとの関係は良好であった。ただし教団の隆盛は十八世紀に同教団のムジャッディディー派がもたらされて以降になる。

メヴレヴィー教団は十六世紀にイスタンブルのガラタ、ついでイェニカプにテッケを設

6 チェレビー・ハリーフェの道統に属するシャーバーン・ヴェリ(1497 もしくは 1499/1500 もしくは 1481 〜 1569)がアナトリアのカスタモヌに創設した教団。

7 原義は回ること。デルヴィーシュが集団で輪になって回りながらおこなうズィクル，儀礼を指す。古くから修行の一環として採用されており，多くのタリーカで取り入れられているが，とくにハルヴェティー教団のデヴラーンが有名である。

け、首都においても影響力をましていった。

オスマン朝を代表する知識人の一人ムスタファ・アーリー(一五四一〜九九)は、一五八二年に催されたムラト三世の王子メフメトの割礼の祝祭を描く『祝祭の書』において、スルタンを表敬し贈り物をわたすイスタンブル民衆の様子を、各種職能集団別——書店、ハーフィズ(クルアーン暗唱者)、イマーム(スンナ派では礼拝を指導する人)やセマクの説教師、コーヒー商人、皮なめし職人など四六の集団——に記す際、メヴレヴィーの集団とルーム・アブダルの集団をそのなかに描いている。ルーム・アブダルの集団がイスタンブルで職能集団の一つとして祝祭に参加していることは興味深いが、いずれにしてもムスタファ・アーリーの記述は、スーフィー、デルヴィーシュがイスタンブル社会を構成する一つの社会集団、あるいは職能集団として認知されていたことを物語る。

新しい宗教運動と「異端」

多くのタリーカが成立し、さらに首都イスタンブルにテッケを構えて地歩を固めていった一方で、アナトリア・バルカンなどの地方では新しい宗教運動が断続的に発生した。

オスマン朝における最初の大きな運動は、ハジ・バイラムと同時代に生きたベドレッディン・スィマーヴィー(一三五九?〜一四二〇)の活動によってもたらされた。彼はブルサ、コンヤ、エルサレム、カイロなどでイスラーム諸学を修め、カイロ滞在中にスーフィーの道に転回し、オスマン朝空位時代にムーサー・チェレビーによってまねかれ、カザスケル職に就いた人物であった。ムーサーがメフメト一世(在位一四一三〜二一)に敗れると、家族とともにイズニクに流されたが、その後ルメリ(オスマン朝のヨーロッパ領土)に逃れてデリオルマンに拠点を定め、自らの信奉者をふやしていった。カイロからエディルネにもどる途中で弟子にしたと考えられているボルクルジェ・ムスタファとトルラク・ケマルが、エーゲ海地域のキリスト教徒農民とトルコ系遊牧民を結集し、西アナトリアでそれぞれ反乱を起こすと、オスマン朝政権はベドレッディンのもとに軍勢を差し向けて彼を捕らえ、審問ののち、マケドニアのセレズで処刑した。西アナトリアの反乱も多大の困難のすえに鎮圧された。しかしデリオルマンとドブルジャには「ベドレッディンの徒」と称された彼の信奉者が残り、政権から厳しい追及を受け続けた。

ベドレッディンはセルジューク朝の血を引くと主張するとともにマフディー(救世主)としてあらわれ、ムスリムとキリスト教徒の統合を説いた。法学者であり、かつイブン・アラビーの思想的系譜に連なる神秘家でもあった。存在一性論の立場に立つ彼の見解は、哲学的・神秘主義的・神学的テーマをあつかう代表作『霊感』のなかに見出せる。同書は後世にも広く読まれた。そこで展開される復活の際の肉体の解釈などはマフムト・ヒュダーィーなどから批判を受けたが、十八世紀の思想家ブルセヴィーからは称賛を受けた。

ベドレッディンの運動とほぼ同時代に別の宗教運動が東方から流入し、アナトリアとルメリで広がった。アゼルバイジャン出身のファドルッラー・アスタラーバーディー（一三三九／四〇～九四）が創始したフルーフィズムである。文字（ハルフ、複数形フルーフ）の秘教的解釈によってクルアーンの神秘を明らかにし、一種の神人同形論を唱えた彼の教説は、おもにイブン・アラビーとシーア派イスマーイール派の影響を受けたとされている。彼はスーフィーの導師に師事し、遊行するデルヴィーシュの一団に入り、マッカ（メッカ）に巡礼し、一三七六年にかくれた神秘を悟るにいたった。その後瞑想の期間をへたのち、自らをユダヤ教徒・キリスト教徒・ムスリムを統合するための最後の預言をもたらすマフディーであると主張した。アスタラーバーディーは一三九四年に異端の告発を受け、ティムールの息子ミーラーン・シャーによって処刑されたが、その弟子ネスィーミー（?～一四〇四／〇五もしくは一七）はアナトリア・イラク・シリアでフルーフィズムの伝道を続けた。本人はシリアのアレッポで刑死したが、彼のトルコ語による詩はアナトリアでのフルーフィズムの浸透に大きな役割をはたした[8]。

フルーフィズムの教説はとくに都市の手工業者の間で広がり、ムスリムとキリスト教徒を結びつけ、オスマン朝宮廷にまで入り込んだが、ムラト二世の時代および十六世紀にウ

[8] 彼は存在一性論の影響のもとに出発しフルーフィズムに入ったが，マッスィニョンによれば，その詩はハッラージュの精神的後継者の側面が強いとされる。

ラマーの排撃を受け、オスマン朝権力から激しく弾圧された。しかしこの過程でベクタシー教団にも大きな影響を与え、ファドルッラーの別の高弟アリー・アーラーがベクタシー教団にフルーフィズムの教義を伝えたとする伝承を生み出すにいたった。

クズルバシュ運動

十五世紀の後半には、オスマン朝を根底からゆるがすことになる運動が起こった。クズルバシュ運動である。この運動はサファヴィー教団およびそれを母体としたサファヴィー朝の成立に密接に関わっている。アゼルバイジャンのアルダビールでサフィーユッディーン(一二五二/五三〜一三三四)によって創設されたサファヴィー教団は、シャリーアとスンナ派信仰を損なうことのない穏健な教団であった。しかし十五世紀半ばに教団長の地位をめぐって敗れアルダビールを去ったジュナイド(?〜一四六〇)は、過激シーア主義を採用し、東アナトリアおよびアゼルバイジャンのトルコ系遊牧民の間に信奉者を見出し、自らの軍事力の根幹を形成した。息子ハイダル(?〜一四八八)の時代、信奉者に白いターバンで巻いた赤いフェルトの被り物を着用させたため、彼らはトルコ語で「赤い頭」を意味する「クズルバシュ」と呼ばれるようになった。

サファヴィー教団長であるシャイフたちの宣教は、南アナトリアのテケ、ハミドおよび中央アナトリアのルーム、カラマンといった諸州において、半遊牧あるいは定住したばかりのトルコ系遊牧民の間に信奉者を獲得していった。彼らの信奉していたイスラームがシャマニズムの色彩を色濃く残したものであったことは、遊牧民の心性に訴えかけるかたちの過激シーア主義を採用したサファヴィー教団の宣教をたやすく受け入れさせた。またアナトリアの諸君侯国において騎士であった遊牧民は、デヴシルメ官僚を中心に中央集権化とアナトリア支配を推し進めようとするオスマン朝中央権力にとっては御しがたい存在であったため、同朝の中央権力から「疎外」されていた。このことも彼らがクズルバシュに支えられたサファヴィー朝に、より親近感をいだく理由となった。

サファヴィー教団長にイスマーイール(イスマーイール一世、在位一五〇一〜二四)が就き、一五〇一年にサファヴィー朝を成立させると、それまでの宗教的権威が実際の政治的脅威に変貌した。イスマーイール一世は優れた詩人でもあり、自らハターイーという筆名を用いてトルコ語で詩作し、アナトリアへの宣教活動をおこなった。バヤズィト二世の治世末期に潜在的な脅威がついにかたちをとってあらわれた。南アナトリアのテケでシャー・クル(?〜一五一一?)と呼ばれる人物が反乱を起こしたのである。その反乱は瞬く間に勢力を拡大し、オスマン朝中央政府は多大な犠牲をはらってようやくこれを鎮圧した。敗れた反乱軍はサファヴィー朝の領域に逃げ込もうとしたが、シャー・クル自身の最後は史料によって記述が異なっていて定かではない。戦いの最中に戦死したか、あるいはイスマーイール一世のもとに逃れることができたのか、いずれにせよ消息を絶った。彼は元来アンタルヤ近郊でテッケを創設した父親の跡を継いでシャイフになった人物であり、ルメリの各地にハリーファを派遣するなど、その背景にはスーフィズムの伝統があった。

シャー・クルの反乱でも遊牧民が重要な役割をはたしたが、そこにはシーア派的要素という新たな要素が加わることになった。アナトリアにおいてもアリー崇敬をはじめとする「お家の人々」に対する崇敬は存在していたが、クズルバシュの出現以降シーア派の問題は決定的に重要な問題となった。シャー・クルの反乱後も、中央アナトリアではヌール・アリー・ハリーフェの反乱(一五一二年)が起こった。

こうした状況を受けて、バヤズィト二世の次のスルタン、セリム一世(在位一五一二〜二〇)はサファヴィー朝との全面対決に向かった。彼は領内の大量のシーア派分子を粛清したのち、一五一四年にチャルディランの戦いでイスマーイール一世率いるサファヴィー朝軍を粉砕し、直接的な脅威を排除することに成功した。しかしクズルバシュの影響が完全に根絶されることはなかった。セリム一世時代のボゾクル・ジェラールの反乱(一五一九年)、スレイマン一世の治世初期に起こったババ・ズンヌーンの反乱(一五二六年)、カレンデルオールの反乱(一五二七年)をはじめとする多くの反乱がクズルバシュに関わる反乱で

9 アリー信仰を中核とする，スンナ派信仰とは相容れない教義・儀礼を有する人々あるいは集団。元来はトルコ系遊牧民(あるいはクズルバシュ)に由来する信仰を保持し続けた村落信仰共同体であったと考えられているが，今日では都市でも多くの団体が設立され公に活動している。ベクタシー教団と共通する教義・儀礼を有し，ハジ・ベクタシに対する信仰をもつ。ベクタシー教団とアレヴィーの関係については，前者がイニシエーションを有するタリーカであるのに対して，アレヴィーは生まれながらにしてアレヴィーであることから，両者の間には区別が必要であるとする立場と，アレヴィー・ベクタシーとして1つの流れのなかでとらえようとする立場が存在している。後者の立場においては，アレヴィー，ベクタシー，クズルバシュの一体性が強調されることになる。

あった。またクズルバシュの末裔は今日のトルコにおけるアレヴィー[9]として存続しているとする主張がなされている。

弾圧を逃れた人々はタリーカの内部にももぐりこんだ。このもっとも大きな受け皿となったのはまたもやベクタシー教団であった。同教団にみえるアレヴィーと共通するシーア派要素はこの過程で流入したと考えられている。十六世紀初頭の聖者列伝におけるハジ・ベクタシの項目にみえる以下の記述は、このあたりの消息を伝えていると考えられる。

> ルームのシャイフたちの一人が、ハジ・ベクタシ・ヴェリ猊下《げいか》——彼の神秘が聖なるものとされますように——である。トルコマンのくにに埋葬されている。聖性の持ち主、奇蹟の源である。現在〔彼が埋葬されている土地の〕上〔に〕は巨大な建造物〔が〕ある。参詣地である。世の中の人々によって〔参詣の際に〕タワーフされる有名でよく知られた場所である。〔ハジ・ベクタシの道統に〕属して過ごす人や聖なる墓の上に集まる人々の多くが、どれほど首からイスラームの軛をはずして信仰の牧場で恥知らずに徘徊しているにしても、〔ハジ・ベクタシ〕自身の状態は無謬であり、〔聖者の〕集まりに属する一人であることは広く知れ渡っている。
>
> （ラーミイー・チェレビー『親愛の息吹翻訳』[10]、傍点は筆者）

10 ラーミイー・チェレビー（1473～1532）はナクシュバンディー教団に属するブルサの人。彼はジャーミーの著した聖者列伝『親愛の息吹』をトルコ語に翻訳するとともに，アナトリアの聖者を追加し，1520年スレイマン1世に献呈した。

「スンナ派の盟主」と弾圧

クズルバシュおよびサファヴィー朝の存在はオスマン朝のイスラーム政策に大きな影響を与えたが、サファヴィー朝の脅威を排除することに成功したオスマン朝では、クズルバシュ運動を最後に大規模な宗教運動は影をひそめた。もちろん社会的政治的混乱を背景に、さまざまな不満が宗教的装い——オスマン朝においてはとくにスーフィズムを背景に——をまとって表出する例は後代にもみられ、弾圧された宗教運動の残滓は根絶されることなく、社会の上に堆積した層として残り続けることになるが、少なくともオスマン朝国家を根底からゆるがすような運動はあらわれなかった。オスマン朝におけるイスラームは脅威となる諸々の「挑戦」をしのぎ切り、安定を見出した。

シーア派を奉じるサファヴィー朝と対決し、さらにマムルーク朝を征服してマッカ・マディーナ両聖都を支配下におくことで、オスマン朝は「スンナ派の盟主」となった。スレイマン一世はイラン戦役からの帰還後、一五五六〜五八年にルーム・アブダルを、その拠点セイイドガーズィー・テッケから一掃した。追放されたルーム・アブダルたちはのちにふたたび同地で勢力を回復したとはいえ、オスマン朝においてスンナ派イデオロギーが確立する時代、国家・社会の安定を脅かす可能性のある、従来の混沌とした宗教状況は徐々に統制されていく方向にあった。こうした傾向は、スレイマン一世の時代、宗教的名目によっておこなわれたいくつかの弾圧において顕著にみられる。国家の安定とスンナ派イデオロギーは明確にセットになり、オスマン朝の「黄金時代」は同時に「宗教的」弾圧の時代になった。断罪の口実は、「ザンダカ（二元論／異端）とイルハード（無神論／異端）」であった。

「ザンダカとイルハード」によって処刑された最初の例は、一四二〇年のベドレッディン・スィマーヴィーであるが、彼の教説そのものはスンナ派の信条を逸脱するほどのものではなかったことがすでに確認されている。バヤズィト二世の時代にも著名な学者であるモッラー・ルトフィー（一四四〇もしくは四六頃～九四）が「ザンダカとイルハード」を理由に処刑された。これはオスマン朝においてウラマーが宗教的理由で処刑された初めての例であったが、この処刑はライバルの嫉妬と敵愾心《てきがいしん》に起因したものであり、バヤズィト二世自身も処刑を望んでいなかったと伝えられている。

スレイマン一世の時代には、イエスがムハンマドよりも優れていると主張したモッラー・カーブズ（?～一五二七）や旧約および新約の聖書はクルアーンによって破棄されるものではないと説いたハキーム・イスハークが同様の咎《とが》で処刑された。前者はスレイマンの御前で二人のカザスケルによって審問されたものの論駁《ろんばく》されるにいたらず、一度身柄を釈放されたが、当時のシェイヒュルイスラーム、ケマルパシャザーデ[11]が主催する再度の審問

11 1440～1534年。シェイヒュルイスラーム職在任1526～34年。

で死を宣告された。後者はこれも当時シェイヒュルイスラームであったエビュッスウード[12]のファトワーにもとづいて刑を宣告された。

こうした告発はタリーカのシャイフに対してもおこなわれた。ムラト二世時代にはハジ・バイラムが召喚されたが、スレイマン一世の時代には、ハルヴェティー教団系ギュルシェニー教団のシャイフが告発の対象となった。

エジプト州軍政官アフメト・パシャの反乱鎮圧後、同地の混乱を収拾するため一五二五年に派遣された大宰相イブラヒム・パシャ（?〜一五三六）は、ギュルシェニー教団の創設者イブラヒム・ギュルシェニー（?〜一五三四）を一時拘束した。彼はスレイマン一世によってイスタンブルに召喚され、審問を受けることになった。カイロでベイやイェニチェリなどの間に弟子を多くもっていたことが反乱に繋がると危惧されたのである。最終的にシェイヒュルイスラームのケマルパシャザーデによって罪のないことが認められ、彼はカイロに帰還した。しかし、ギュルシェニー教団に関わる告発はこれで終わることはなかった。次に告発の対象となったのは、イブラヒム・ギュルシェニーの高弟ムフイッディン・カラマーニー（?〜一五五〇）であった。彼は宰相チョバン・ムスタファ・パシャの懇請により、カイロからアナトリアのゲブゼに移り、そこで教導に従事していたが、「異端」の嫌疑を受けて審問され、シェイヒュルイスラームであったエビュッスウードのファトワーによっ

[12] 1490〜1574年。シェイヒュルイスラーム職在任1545〜74年。

て有罪となり、処刑された。
ギュルシェニー教団以上に、政府からの追求を受けて弾圧されたのは、メラーミーのシャイフたちであった。メラーミーの潮流は、九世紀にホラーサーンで起こったマラーマティー運動の精神を受け継ぎ、ハジ・バイラムの弟子オメル・スィッキーニーによって表出した。外面的なかたちにとらわれないことを特徴の一つとするメラーミーの精神は、オメル・スィッキーニーがタリーカの被り物と外套を捨て去ったとする逸話に象徴されている。アナトリアで活動していたメラーミーは、イスマイル・マーシューキー（一五〇八～三九）のもと、イスタンブルでの宣教を開始し、知識人・詩人・官僚・商人などを信奉者としていったが、彼はシェイヒュルイスラームであったチヴィザーデ・ムフイッディン・メフメト[13]のファトワーにもとづいて一二人の弟子とともに処刑された。イスタンブルにおける宣教の成功に脅威を感じたことが処刑の理由であったと考えられている。

　さらにイスマイル・マーシューキーの次にクトゥブ[14]の地位に就いたヒュサメッディン・アンカラヴィー（?～一五五六／五七）はアンカラ城に収監され獄死あるいは処刑された。ヒュサメッディン・アンカラヴィーのハリーファ、ハムザ・バーリー（?～一五七三）は師の死後一時活動していたイスタンブルから逃れ、出身地のボスニアで信奉者をふやしていたが、スレイマン一世のかたわらで権勢を誇ったハルヴェティー教団のムスリフッディ

[13] 1476/77～1547年。シェイヒュルイスラーム職在任1539～43年。シェイヒュルイスラーム職在任中に解任された初めての人物である。
[14] 原義は軸，極の意。聖者理論における聖者のヒエラルキーのなかの最高の位階。

ン・ヌーレッディンザーデの告発を受け、ボスニアからイスタンブルに連行され、処刑された。[15] 処刑されたメラーミーのシャイフたちの罪状は、ムフイッディン・カラマーニーのものと同様「ザンダカとイルハード」であった。メラーミーは自らの指導者を「救世主の極《きょく》」「神の似姿」「時の所有者」と呼んだが、これはスルタンの権威に挑戦するものと考えられた。

ウラマーとスーフィー

十六世紀の著名な学者タシュキョプリュザーデ(一四九五〜一五六一)が著した、オスマン朝初のウラマーとスーフィー(シャイフ)の伝記集成である『オスマン国家のウラマーに関する赤いアネモネ』を、アラビア語から美文のトルコ語に翻訳したメジディー・エフェンディ(?〜一五九一)は、同作品『アネモネの庭園』の序文で以下のように述べている。

魂の完全なる人はさまざまな傾向に従って二つの道にいたり、ある者はザーヒルな知識に関わり、またある者はバーティンな知識に奥深く進んだ。

ザーヒルな知識とは外面的な字義どおりの知識のことであり、バーティンな知識とは内奥のかくされた知識である。前者はウラマーが担い、後者は「タサウウフの道を旅する者」、すなわちスーフィーが担った。彼によれば「タサウウフの道」はさらに「二つの道

15 ハムザ・バーリーの系統はとくにハムゼヴィーと称される。

（タリーカ）」、すなわち「有声のズィクルをおこなう者たち」と「無声のズィクルをおこなう者たち」に分けられる。ズィクルとは念仏のごとく、神を想起し、その名を唱えることであり、タリーカにおける最重要の修行の一つである。さらに彼は、「一つの道から派生した諸教団（タリーカ）があらわれ、この源に多くの支脈が枝分かれする」と書き進める。「派生した諸教団」として名をあげられるのは、ハルヴェティー、バイラミー、ナクシュバンディー、ゼイニー、メヴレヴィーの各「集団」である。これら五つの教団が信仰上認められる有力な教団と考えられていたことがわかる記述である。

しかしここでは、その直前の記述、すなわち「タサウウフの道」がズィクルの方法によって分けられていること——教義や思想ではなく、修行・儀礼によって分けられていること——に注目したい。そもそもスーフィズムが修行によって神を直接経験することを目的とする以上、第一の重要事とされるべきは「行」である。もとの教団から枝分かれして教団が発生したことは本文中でも述べてきたが、こうした枝分かれは、思想や教義以上に修行における些末な差——例えば、唱える文言の違いなど——に起因することが多かったのである。

ウラマーとスーフィーの関係についていえば、イブン・アラビーやルーミーなどを激越に批判したシェイヒュルイスラーム、チヴィザーデ・ムフイッディン・メフメトの例があるものの、概して良好であり、ウラマーがズィクルなどの行に参加することもふつうにみられた。とくにナクシュバンディー教団はウラマーと非常に親和性が高く、例えばナクシュバンディー教団をイスタンブルにもたらしたシャイフであるエミール・ブハーリーの弟子の多くがマドラサ教授やカーディーであった。マドラサ出身のスーフィーの存在は一般的で、スーフィズムの道に入る前にマドラサでイスラーム諸学を修めたスーフィーの例は枚挙にいとまない。またシャイフたちのある者は、イスタンブルのモスクにおいて説教をおこない、タフスィール(クルアーン解釈)やハディース(預言者の言行であるスンナを伝えるもの)などの講義をすることもあった。一般にウラマーの職掌にあるとされることをおこなうシャイフもいたのである。十七世紀以降バルカンの諸都市では、多くのムフティーが、同じ町にあるハルヴェティー系諸教団のテッケのシャイフであったことも報告されている。ウラマーとスーフィーの間の壁は問題なく乗りこえられた。

しかしウラマーとスーフィーの間に問題が起こることはなかったかというと、かならずしもそうではなかった。アヤソフィヤやファーティフ・モスクで金曜日に説教をおこなっていたスュンビュル・スィナンが説教のあとにデヴラーンをおこなっていたところ、これを問題視したイスタンブルのカーディーが、当時のシェイヒュルイスラームであったケマルパシャザーデに文書を送るという事件が起こっている。スュンビュル・スィナンが別ルートで火消しに走ったため、ケマルパシャザーデがこのことを否とするファトワーを出すことはなかったものの、ハルヴェティー教団の行であるデヴラーンは問題となりえたのである。エビュッスウードのファトワー集でもデヴラーンには批判的な見解が示されている。彼のファトワー集にはズィクルのやり方についての質問と回答も多く収録されていることから、デヴラーンのみならず修行方法の合法性はつねに議論の対象となりえたことが理解される。

（今松 泰）

Column #03

学問分類の書にみえるスーフィズムの知

スーフィズムは修行によって神へと近づくことを目的とし、実践がなによりも重要である。しかしスーフィズムの知はイスラームの知のなかに確固たる位置を占めるにいたった。

イスラーム世界では古来、諸学を分類するという学問伝統が存在し、同様の書はオスマン朝下においても著された。そのなかでタシュキョプリュザーデの『諸学の主題に関する幸福の鍵と主権の灯』はもっとも有名な大部の作品であり、息子によってトルコ語に翻訳されたことから、オスマン朝社会で広く受け入れられたと考えられる。『幸福の鍵』は二部七章構成で、第二部「知識に従った実践の果実である浄化に関わる学問について」がそのまま第七章「内奥の知識」となって、スーフィズムの知をあつかう。しかし、この部分はガザーリーの『宗教諸学の再興』の要約であり、構成にいたるまでこれに等しい。スーフィズムの知を諸学の究極とする同書を、法学・神学に関わる部分が自著の他の箇所と構成上重複することを承知のうえで、第二部にそのまま採用したことは、ガザーリーの著述こそがスーフィズムの知を示すとタシュキョプリュザーデが考えたことを物語るものだろう。

キャーティブ・チェレビー（一六〇九〜五七）は『諸書と諸学の名称に関する見解の開示』において、タシュキョプリュザーデの諸学分類を他の分類よりも優れているとしたうえで、

『幸福の鍵』の第二部が『宗教諸学の再興』の要約にすぎないことを指摘している。

彼〔タシュキョプリュザーデ〕は、本書の第二部を、知識に従った実践の果実である浄化に関わる学問の記述に割いたが、そこでイマーム・ガザーリーの『〔宗教諸学の〕再興』の書を要約したのであり、タサウウフ〔スーフィズム〕の知を述べなかった。

引用の最後の部分「タサウウフの知を述べなかった」とはどういうことだろう。彼は別の箇所でスーフィズムの知について述べるさい、同様に学問分類の書を著したサドレッディンザーデ・シルヴァーニーすなわちムハンマド・エミン（？〜一六二七）の見解を簡単にまとめ、ついでタシュキョプリュザーデの記述について意見を述べている。そこでは「タサウウフの徒の間で知られているタサウウフ〔の知〕を述べなかったごとくである」と記している。前者の記述をまとめた個所とあわせてみれば、スーフィズムの知は経験にもとづくものであり、その奥義は言葉で語ることができないと考えているのがみてとれる。

ほかにもネヴィー（一五三三〜九九）やサチャクルザーデ（？〜一七三二）など学問分類の書を著した者たちが、章節を割いてスーフィズムの知に言及した。スーフィズムの知は、スーフィーによって語られるだけでなく、諸学のなかに位置づけられ、ウラマーをはじめとする知識人の考究の対象になっていたのである。

（今松　泰）

第6章　タリーカの隆盛と論争

十七世紀のタリーカ

　十七世紀に入ってもタリーカはさらなる隆盛をみる。バイラミー教団第三の支教団であるジェルヴェティー教団が出現し、その創設者マフムト・ヒュダーイーはアフメト一世（在位一六〇三～一七）の知遇をえて、貴賤に大きな影響力を発揮した。カーディリー教団は、「第二の師」と称されるイスマイル・ルーミー（?～一六三一）がイスタンブルで初めてのテッケをトプハーネに創設することで首都に参入した。このテッケ（カーディリーハーネ）は同教団のオスマン朝における中心となった。メヴレヴィー教団も、国家の貴顕の帰依によって、その地位を確固たるものにした。イスタンブルのメヴレヴィーハーネは、コンヤのチェレビーたちの影響力低下とともに自らの影響力を増大させた。とくにイスマイル・アンカラヴィー（?～一六三一）はガラタにあるメヴレヴィーハーネのポスト・ニシン（テッケの長）として名声を博した。

ハルヴェティー教団は、前代からの勢力を十七世紀に入っても保持し、多くの支教団を生み出し続けた。アブデュルメジト・スィヴァスィー（一五六三～一六三九）はメフメト三世（在位一五九五～一六〇三）の招聘を受けて、スィヴァスからイスタンブルに移り、シェムスィー教団をイスタンブルにもたらした。さらに甥のアブデュルアハド・ヌーリーはスィヴァスィー教団を創設し、カラバシュ・ヴェリ（一六一一～八六）はカラバシー教団の創始者となった。詩人としても著名なニヤーズィー・ムスリー（一六一八～九四）はブルサにムスリー教団を創設した。

十六世紀に政権による弾圧を受け、数人のシャイフが処刑されたメラーミー教団も、スユトチュ・ベシル・アー（？～一六六三）がその弟子四〇人とともにイスタンブルで殺害された例を除き、政権との間に問題を発生させることなく、イスタンブルを中心に著名なシャイフを輩出していった。とくに詩人としても有名なラーメキャーニー（？～一六二五）は、国家の貴顕・ウラマー・スーフィーなどから非難の的となっていたメラーミー教団に「復権」をもたらすほどの尊崇を受けた。ハムザ・バーリー、イドリース・ムフテフィー（？～一六一五）とその支持者たちに対する激越な批判をおこなったアブデュルメジト・スィヴァスィーもラーメキャーニーに対しては、称賛を惜しまなかったという。

イブン・アラビーの思想伝統

オスマン朝下のタリーカ環境においては、クシャイリー(九八六〜一〇七二)の『論攷《ろんこう》』、ガザーリーの『宗教諸学の再興』、シハーブッディーン・ウマル・スフラワルディーの『真知の美質』などスーフィズムの古典的テキストも読まれたが、もっとも重要な書物はイブン・アラビーの『叡智の台座』と『マッカ啓示』、ルーミーの『精神的マスナヴィー』であった。オスマン朝におけるスーフィズムを思想的観点から眺めれば、なによりもその特徴としてあげられるべきはイブン・アラビーの思想が連綿として受け継がれていったことである。当時の学問の基本的なあり方はもとのテキストに注や疏《そ》(注をさらに注釈したもの)をつけていくことであったが、上記の書物にも多くの注疏が付された。

オルハン(在位一三二六〜六二)がイズニクに建てたオスマン朝最初のマドラサで教授職に就いたダーウード・カイセリー(カイサリー、一二六〇頃〜一三五一/五二)はなんらかの教団に属して教導に努めるタイプのスーフィーではなかったが、『叡智の台座』の注釈によって後世の思想家に大きな影響を残した。この注釈書は、序文における哲学的神秘主義の命題についての考察がとくに著名であり、『存在の論攷』ほかのタイトルでこの序文のみを書写したものも存在する。カイセリーの見解の影響は、オスマン朝下ではフェナーリー(ファナーリー、一三五〇〜一四三一)、クトゥブッディン・イズニキー(?〜一四八〇)、バーリー・エフェンディ、アブドゥッラー・ボスネヴィー(一五八四〜一六四四/四五)、イスマイル・ハック・ブルセヴィー(一六五三〜一七二五)などにみられるという。またベドレッディン・スィマーヴィーも伝世していないもののカイセリーの注釈に疏をつけた。

フェナーリーはオスマン朝最初のシェイヒュルイスラームとされる人物で、ゼイニー教団に加入するとともに、リファーイー教団からもハリーファの地位をえた。ブルサでエミール・スルタンとも親交があったフェナーリーは、バヤズィト一世治下でマドラサ教授職、カーディー職を務め、アンカラの戦いののち復興したカラマン君侯国で一〇年以上講義をおこなった。メフメト一世治世下でふたたびブルサのカーディー職に就き、ムラト二世の時代にムフティー職に任じられた。彼はファフルッディーン・ラーズィー[1]の系譜を引く哲学的神学をオスマン朝に導入する役割をはたし、これとイブン・アラビーの形而上学を統合しようとしたと評されている。またクーナウィーの『玄秘の鍵』の注釈を著し、『玄秘の鍵』と『叡智の台座』の講義をしたことも知られている。

ハジ・バイラムのハリーファとされるヤズジュザーデ・メフメト(?〜一四五一)はジャンディーの注釈をもとに『叡智の台座』を要約するかたちで注釈を書いた。十六世紀にはバーリー・エフェンディが『叡智の台座』の注釈を著した。この注釈書はほかの注釈書と異なった見解を示す箇所が存在する点できわだった特徴をもつとされている。バイラミー

[1] 1149〜1209年。後期アシュアリー学派神学を代表する学者の1人。哲学・法源学・クルアーン解釈学ほかさまざまな分野での著作を残した。

教団のウフターデ（一四九〇もしくは九五頃〜一五八〇）はブルサのウルジャーミーほかでムアッズィン（礼拝を呼び掛ける人）、イマーム、説教師として働きながら教導を続けたスーフィーであり、ジェルヴェティー教団の創始者とされることもある人物である。弟子のマフムト・ヒュダーイーが彼の言葉を集成した『ウフターデの夢』の内容から、彼がイブン・アラビーの霊魂から霊智をえていたことがわかるとも指摘されている。

トルコ語とスーフィズム

このようにオスマン朝下では、イブン・アラビーの著作に連綿と注釈がつけられてきた。前記の注釈書はアラビア語で書かれたものであったが、十五世紀にはトルコ語による注釈やトルコ語への翻訳も出現した。ヤズジュザーデ・メフメトの注釈はその弟アフメト・ビージャン（?〜一四六六以降）により増補されたうえで翻訳された。チェレビー・ハリーフェの弟子バヤズィト・ハリーフェ（?〜一五一六以降）は『叡智の台座』の注釈をアラビア語で書いたのち、疏としていくつかのテーマをトルコ語で散文化した。著名な詩人であり学者であったネヴィーは『叡智の台座』をトルコ語に翻訳し（タイトルはムラト三世がつけた）、十七世紀に入るとボスネヴィーによってアラビア語の注釈とともにトルコ語の注釈が書かれた。

同じく十七世紀にはルーミーの『精神的マスナヴィー』への注釈がイスマイル・アンカラヴィーによってトルコ語で著された。『精神的マスナヴィー』を存在一性論的に解釈することは以前からおこなわれてきたが、彼の『マスナヴィー注釈』はその決定版的な位置を占め、後世にも大きな影響を与えた。これにより彼は『精神的マスナヴィー』の注釈者として名声を博した。メラーミー教団のシャイフであったサル・アブドゥッラー（一五八四〜一六六〇／六一）も『精神的マスナヴィー』の注釈書で知られ、さらにイブン・アラビーの『マッカ啓示』におけるマラーミーヤに関わりのある部分を解説した作品も残している。

イブン・アラビーやルーミーの著作の注釈・翻訳以外にも、一般のスーフィズム理解に裨益《ひえき》するように平易なトルコ語で書かれ、古典とみなされた書物が多く執筆された。エシュレフザーデ・ルーミーの『魂を浄めるもの』は、アナトリアにおいて、スーフィズムに関してトルコ語で書かれたもっとも初期のものの一つである。一般の人々が理解できるような平易なトルコ語で書かれたため広く流布し、オスマン社会における宗教・倫理理解に大きな影響を与えた。ヤズジュザーデ・メフメトとアフメト・ビージャンの兄弟はそれぞれ韻文の『ムハンメディエの書』、散文の『愛する者たちの光』を著した。両書ともに厳密な意味でスーフィズムの著作であるとはいえないが、広く流布し、民衆のイスラーム理解に大きく影響した。とくに前者はラーミイー・チェレビーによって「『ムハンメディエの書』自体〔の素晴らしさ〕は言明するまでもない。トルコ語において、そこから始められるべき〔書物〕である。説教をおこなう人々が〔参照すべき〕完全無欠の書物である」と評され、書記階層出身でオスマン朝を代表する知識人の一人キャーティブ・チェレビーによっても「〔この書は〕有名であり、〔あえて〕知らせる必要はない」と記されるほどであった。

スーフィズムの術語を解説する本もあらわれた。アンカラヴィーの『卑しき者たちの道』はとくにルーミーとイブン・アラビーの思想を引用して、スーフィズムの術語を説明した書物であり、サル・アブドゥッラーの『心の果実』は各教団のスィルスィラとメラーミーのクトゥブたちの伝記を含むとともに、若干のスーフィズムの術語を解説したものである。

スーフィズムの思想をトルコ語の韻文によって表現する伝統は、トルコ語思想文献よりも早い時期から存在した。アーシュク・パシャ（一二七二～一三三二／三三）が著したマスナヴィー形式の『ガリーブナーメ』は民衆の教導のためにトルコ語で書かれた韻文作品で、神秘主義的主題をあつかったもっとも古くかつ影響力をもった作品の一つである。また現在でも広くトルコ人に愛されるユヌス・エムレ（一二三九?～一三二〇?）を筆頭に、フルーフィーの詩人ネスィーミー、ルーム・アブダルのイェティーミーなどの詩人（ベクタシー系に分類されることもある）、十六世紀初頭に処刑されたベクタシー・クズルバシュ系の詩人ピール・スルタン・アブダルなど、それぞれの特徴を有する民衆詩人が数多く出現した。平易なトルコ語で詠まれた詩は、アーシュク[2]と称された吟遊詩人によって、サズの弾き語りで歌われることによって民衆文化の一端を形成した。タリーカのシャイフたちも多くの詩を詠み、そのなかで思想を表現した。エミール・スルタン、ハジ・バイラム、エシュレフザーデ・ルーミー、ウンミー・ケマル（?～一四七五）、シェイフ・ヴェファー、イブラヒム・ギュルシェニー、ウフターデ、ヒュダーイー、ニヤーズィー・ムスリーなどはスーフィー詩人としても広く名声を博した。こうした詩はイラーヒーとしてタリーカの儀礼で詠唱されるとともに、そのいくつかには注釈がつけられた。

カドゥザーデ派の運動

タリーカが隆盛を極め、思想においても、詩の世界においても活発な活動がみられた状況のなかで澎湃《ほうはい》として起こったのが、カドゥザーデ派の運動であった。運動の唱道者である説教師メフメト・カドゥザーデ（一五八二～一六三五）は、十六世紀にオスマン朝下のイスラームのあり方を強く批判し、シェイヒュルイスラームのエビュッスウードとも間接的ながら論争をおこなったメフメト・ビルギヴィー（一五二三～七三）の強い影響下にあった。

2　原義は「愛する者」で，15世紀頃から自作・他人作を問わずサズの弾き語りをする吟遊詩人を指す語として用いられた。元来は宗教的な内容を歌う人を指したが，17世紀には非宗教的な内容を歌う人についても同様に使用されはじめた。またテッケの環境にいる詩人も，非宗教的な詩を詠う詩人と自らを区別するためアーシュクと称した。

この運動はカドゥザーデの死後も続いて、十七世紀のオスマン朝思想界を論争の渦に巻き込み、社会問題としても顕在化した。マデリン・ズィルフィーの研究によれば、同運動の社会的背景にはウラマーの階層分化――イルミエ制度に含まれる高位のウラマーとそこに含まれない下位のウラマーの分化――があり、下位のウラマーにとっての重要な職であるモスクの説教師職が、スーフィーのシャイフによって奪われることへの反発があった。

運動は一六二〇年代、メフメト・カドゥザーデがイスタンブルのモスク――ファーティフ・モスクについでアヤソフィヤ――で説教師の地位に就いたときに顕在化する。彼の説教はすぐに評判になり人気を博した。彼の説教や講義がどのようなものであったのかは、キャーティブ・チェレビーが晩年に記した『真理の秤』の記述から垣間みえる。たまたま通りかかったファーティフ・モスクで「当時名声を博していた」カドゥザーデの講義を聴いたキャーティブ・チェレビーは以下のように記す。

故人〔カドゥザーデ〕は平易で印象的な言葉を語るので、聴衆はもちろんのことその説教を聴いていた。言葉の多くは、民衆に聖なる知識を学ぶことを推奨する類のもので、無知を免れることに努めるために奨めるものであった。（中略）ヒュスレヴ・パシャが遠征に出るまで、その説教と講義を聴講した。一〇三九（一六二九／三〇）年にハマダーンとバグダード遠征に赴き、一〇四一年にイスタンブルにもどると、先のシャイフの講義に続けて出入りした。故人はその講義で、タフスィールと『宗教諸学の再興』[3]『マワーキフ注釈』[4]『真珠』[5]『タリーカ・ムハンマディーヤ』[6]を教授した。その講義の大半は表面的で単純なものであった。

カドゥザーデ派は多岐にわたる問題――キャーティブ・チェレビーによれば、煙草・コーヒー・阿片の問題から音楽や挨拶のしかたまで二〇にもおよぶ――を取り上げ、現状を非難した。彼らはビドア〔ムハンマドの時代に存在しなかった新奇な考えや慣行〕とされるもの全体を非難した。スーフィズムに関連する問題も非難の対象となり、スーフィーとタリーカはとくに直接の攻撃対象とされた。思想ではイブン・アラビーの思想が、タリーカではとくにハルヴェティー教団とメヴレヴィー教団が非難の対象となった。同じく『真理の秤』は以下のように記す。

〔カドゥザーデは〕踊りとデヴラーンの問題で古い主張を新たにしたので、ハルヴェティーとメヴレヴィーの人々と墓守が[7]〔カドゥザーデ〕自身の敵となった。「床板を蹴る者たち、笛を吹く者たち。やって来い、トクル・デデ。やって来い、ゾカグル・デデ」といって、彼の説教は非難と嘲りを欠くことがなかった。一方でスィヴァスィー・エフェンディとイスマイル・デデやほかの者たちを「聖者と〔スーフィズムの〕道を否定する者であり、無神論者であり異端者である」と中傷したものである。あるときは

3 ガザーリーの著作。

4 後期アシュアリー学派に属するイージー(1281～1355)の著作に，同じく後期アシュアリー学派のジュルジャーニー(1340～1434)が注釈をつけたもの。オスマン朝下のマドラサで思弁神学のテキストとして使われた。

5 メフメト2世時代のシェイヒュルイスラームであったモッラー・ヒュスレヴ(?～1480)が著した『法官たちの真珠』。マドラサにおいて法学の講義で使用された。

6 メフメト・ビルギヴィーの著作。良きムスリムとはなにかについて説いた倫理の書で広く読まれた。

7 カドゥザーデ派が非難したことの1つに墓参詣の問題があった。

〔ムハンマドの〕両親[8]、タスリヤとタルズィヤ[9]、ラガーイブとカドル[10]の礼拝〔に関する〕論争が生じて、多くの騒動、議論、争いが引き起こされた。

名前があげられているスィヴァスィー・エフェンディはアブデュルメジト・スィヴァスィー、イスマイル・デデはイスマイル・アンカラヴィーである。「床板を蹴る者たち」はデヴラーンをおこなう者を、「笛を吹く者たち」はセマーをおこなう者を指す。また「無神論者であり異端者である」という文言は、前者が「ムルヒド」すなわち「イルハード」をおこなう者で、後者が「ズィンディーク」すなわち「ザンダカ」にある人間である。「異端」を処断するために使われた口実である「ザンダカとイルハード」がここでも使用された。直接批判されたアンカラヴィーは批判に答えるため『メヴレヴィーの状態に関する無謬性の論攷』を著した。スィヴァスィーはカドゥザーデ最大の論敵となった。それゆえに両者の対立はカドゥザーデ派とスィヴァスィー派の争いとして記憶された[11]。

カドゥザーデとアブデュルメジト・スィヴァスィーの死後、カドゥザーデ派とスィヴァスィー派の対立は次の世代に移行した。カドゥザーデの信奉者は宮廷——黒人宦官長やスルタンの母后にいたる——に影響をおよぼすことに成功した。この時期の主導者メフメト・ウストゥヴァーニー(?〜一六六一)は、カドゥザーデのかた

8 イスラームの宣教以前に死去したムハンマドの両親は信仰者とみなせるのか，それとも地獄に落ちるのかという問題。

9 タスリヤはムハンマドの名前のあとに「神が彼の上に祝福と平安を垂れ給いますように」と唱えること。タルズィヤは教友の名前のあとに「神が彼を嘉《よみ》し給いますように」と唱えること。これらが必要かどうかが問題とされた。

10 ラガーイブはムハンマド懐胎の日。カドルとは御稜威《みいつ》のこと。ムハンマドに初めてクルアーンが下された夜をカドルの夜という。これらに加え，ムハンマドに預言者の使命が与えられたことが知られた日の礼拝のやり方が問題となった。

11 時のスルタン，ムラト4世(在位1623〜40)は両者の間でうまくバランスをとったが，カドゥザーデの影響は，1633年にイスタンブルの一地区で起こった大火ののち，イスタンブルにあるコーヒーハウスをすべて撤去し，煙草禁止に違反した者たちを処罰するなどの政策に見出されるであろう。

わらから出てアヤソフィヤの説教師にまでのぼりつめた人物であった。一方ハルヴェティー側はアブデュルアハド・ヌーリーが中心となった。運動の第二期では都市騒乱に繋がる実力行使がおこなわれた。一六五一年カドゥザーデ派がハルヴェティーのテッケを強襲して、デヴラーンをおこなっていた者たちを追い散らしたのである。彼らはその後も脅迫やテッケ襲撃の計画を何度も立て、さらなる実力行使に訴えようとした。しかし一六五六年に起こったチュナル事件で宮廷の支持者を失っていたところに、同年大宰相に就任したキョプリュリュ・メフメト・パシャ（一五八三〜一六六一）が首都の治安を回復するためカドゥザーデ派を押さえ込み、ウストゥヴァーニーほかの中心人物をキプロスに流刑とした。

こうして運動の第二期は幕を閉じたが、新たな主導者メフメト・ヴァニー（？〜一六八五）の登場とともに第三期が始まった。ヴァニーは説教師として地方で名声を高め、州軍政官としてエルズルムに赴任していたキョプリュリュザーデ・ファズル・アフメト・パシャ（一六三五〜七六）の知己となった。ファズル・アフメト・パシャは父親キョプリュリュ・メフメト・パシャの死後大宰相職に就くと、イスタンブルにヴァニーを招聘した。ヴァニーはスルタンと大宰相に影響力をもち、その結果一六六六年にセマーとデヴラーンが、六七年には墓参詣がスルタンによって禁止

◀デヴラーンの様子

された。さらに一六七〇年にはスルタンが酒場を撤去する勅令を出すにいたった。また慣習的な税がビドアとして廃止された。カドゥザーデ派は長年の主張を実現させたのである。しかし十八世紀に入ると、カドゥザーデ派の運動は表舞台から姿を消した。

カドゥザーデ派の運動がタリーカを標的にしたことは明らかであるが、そもそも彼らが持ち出してきた問題は古くから議論されてきたものであって目新しいものではなかったこと、さらにあらゆるビドアに反対したことを考えれば、これを反スーフィズム運動であったと単純にいうことはできないであろう。また近年の研究において、この運動にナクシュバンディー教団に属する一人のシャイフが参加したことが明らかにされた。そのシャイフがどのような意図をもち、どの程度までカドゥザーデ派運動に関わったのかという詳細は残念ながら明らかでないため、この例のみでナクシュバンディー教団とカドゥザーデ派運動の関係を明確に描くことはできないが、無声のズィクルをおこなうナクシュバンディー教団と、デヴラーンをおこなうハルヴェティー教団やセマーをおこなうメヴレヴィー教団の間には修行方法において大きな差があることは事実であり、これがタリーカの態度になんらかの違いを生み出した可能性はあったかもしれない。

（今松　泰）

第7章　成熟の時代から近代化改革の時代へ

スーフィズム文化の成熟と多作家の時代

カドゥザーデ派運動が嵐のごとく過ぎ去ったあと、タリーカは十八世紀においても発展を続けた。同世紀におけるタリーカの発展において、もっとも重要なできごとはナクシュバンディー教団のムジャッディディー派がオスマン朝に流入してきたことである。インドのアフマド・スィルヒンディー（一五六四～一六二四）の系統に連なり、とくにクルアーンとスンナを重視し、シャリーアを遵守する傾向を有した同派は、まずムラト・ブハーリー（一六四〇～一七二〇）によって、さらにヒジャーズ経由でエミン・トカディー（一六六四～一七四五）によって、オスマン朝下に導入された。従来、国家の貴顕から広く帰依を受けた教団はハルヴェティー教団でありメヴレヴィー教団であって、ナクシュバンディー教団はむしろウラマー階層との関わりにおいて特筆される教団であった。しかしムジャッディディー派の流入により、ナクシュバンディー教団は十八世紀末から国家の上層に位置する人々の間に入り込むことに成功した。

リファーイー教団のイスタンブルでの活動が確認できるのは十六世紀末のウスキュダルにおいてであるが、首都での隆盛は十八世紀前半にアースィターネが創設されて以降である。その結果同世紀にはドーソン[1]によってイスタンブルの六大タリーカの一つに数えられるにいたり、十九世紀にはバルカン半島にも広く拡大した。

思想や文芸はこの時代も順調に発展し、イスマイル・ハック・ブルセヴィー、イブラヒム・ハック・エルズルミー(一七〇三〜八〇)、アブドゥッラー・サラーフッディン・ウッシャーキー(一七〇五〜八三)、ミュスタキムザーデ・スレイマン(一七一九〜八八)など、いずれも膨大な数の著作をものした人物が出現した。ブルセヴィーはジェルヴェティー教団のシャイフで、さまざまな土地を旅したが、ハリーファとして送られたウスキュプで反対派と諍《いさか》いを起こし、またナーブルスィーと論争するなどある意味で非常に活動的な人物であった。最後はイスタンブルのウスキュダルでイスラームの信条から逸脱する言を吐いたとの嫌疑を受けブルサにもどり没した。彼は著名なアラビア語のタフスィール『明証の霊魂』『精神的マスナヴィー』の部分注釈、『ムハンメディエの書』の注釈、スーフィズムのさまざまなテーマをあつかった『説教の書』『救済の書』などを著した。

エルズルミーはおもに東部アナトリアのエルズルムなどで活動したカーディリー教団の

[1] イグナティウス・ムラジャ・ドーソン(1740 〜 1807)はイスタンブル生まれのアルメニア人で，在イスタンブルのスウェーデン大使館で通訳・参事官・公使を務めた。『オスマン帝国総覧』は全７巻からなる大部の著作で，当時のオスマン帝国の諸相を描く。

シャイフで、詩人としても著名であった。主著『智恵の書』はスーフィズム以外にも、さまざまな知識を含む百科全書的書物で、後世にも広く読まれた。アブドゥッラー・サラーフッディン・ウッシャーキーはハルヴェティー系ウッシャーキー教団のシャイフである。彼の思想も『叡智の台座』『マッカ啓示』をはじめとするイブン・アラビーの著作をその源としていた。ミュスタキムザーデ・スレイマンはナクシュバンディー教団のムジャッディディー派に属し、同派の祖アフマド・スィルヒンディーの『書簡集』の翻訳や、師のエミン・トカディーとの問答集を残した。また種々の伝記集を著し、ナクシュバンディー教団以外の教団の歴史や文献についても筆を執るなど百科全書派的な活動をみせた。

なおイブン・アラビーの思想伝統については、イスマイル・ゲレンベヴィー[2]が、存在一性論に対して神学・哲学の立場から批判した『存在一性論の精査に関する論攷』を著していることを書き添えておこう。

詩作においては、とくに著名な詩人として、ギュルシェニー教団のヤザーイー・ハサン(一六六九～一七三八)、メヴレヴィー教団のシャイフ・ガーリブ(一七五七～九九)の名をあげることができる。後者は古典的文芸の最後を飾る大詩人であると同時に、ガラタのメヴレヴィーハーネのシャイフとしてセリム三世(在位一七八九～一九〇七)との親交も篤《あつ》かった。

2　1730～91年。ウラマーであった彼はあらゆる学問分野に精通し，とくに論理学において有名な人物である。修辞学・文法学・数学・天文学の書物も多く残しているが，神学分野では，タフターザーニーの注釈がつけられたナサフィー(1068/69～1142)の信仰箇条(アカーイド)と並んでオスマン朝下で重要視された，イージーの信仰箇条への哲学者ジャラールッディーン・タウリーニ　(1424-27?～1502)の注釈につけた疏で有名である。なお彼も大変な多作家であった。

十九世紀の新しい発展

オスマン朝では、ヨーロッパ勢力と対峙する最前線であったバルカンでの領土喪失が深刻となっていた。しかし十八世紀中葉から、バルカン半島では新しい教団の形成や新たな教団の進出がみられた。ムハンメト・ヌールルアラビー（一八一三～八八）によってマケドニアで創設されたメラーミー・ヌーリー教団は、メラーミー運動の第三期とされるものである。[3] ほかには十八世紀初頭からバルカンに進出していたサーディー教団、[4] シャーズィリー教団、[5] 一九〇〇年頃に進出したティジャーニー教団[6]などの名前があげられる。また前述のとおり、リファーイー教団も十九世紀にバルカンに拡大し、同世紀後半にはベクタシー教団がアルバニアで新たな展開をみせた。

さらに十九世紀にはナクシュバンディー教団のハーリディー派が新たに出現した。ハーリド・バグダーディー（一七七六～一八二七）の系統に連なる同派は、はじめクルド人地域で教勢を拡大し、その後北カフカスに勢力を伸張させた。マフムト二世（在位一八〇八～三九）時代には一度ならずイスタンブルから放逐されたものの、後述するベクタシー教団の閉鎖ののち、その財産がナクシュバンディー教団に委譲されることになったのを機にイスタンブルに再進出した。アナトリアやバルカンにおいても勢力を拡大したハーリディー派は、十九世紀に多くのシェイヒュルイスラームが加入するなど、国家の上層に大きな影響

[3] 第 1 期は 9 世紀に起こったホラーサーンのマラーマティー運動を，第 2 期はバイラミー教団から派生したメラーミー教団を指している。

[4] サアドゥッディーン・ジバーウィー（1068 ～ 1180）を名祖としてシリアで成立した教団。17 世紀後半あるいは 18 世紀初頭にイスタンブルで活動を始めた。

[5] アブルハサン・シャーズィリー（1196 頃～ 1258）を名祖に創設された教団で，とくにエジプト・北アフリカで有力であった。16 世紀にはアナトリアでの活動が確認される。

[6] アフマド・ティジャーニー（1737/38 ～ 1815）によってマグリブで創設された教団。

力を有することになった。とくにアフメト・ズィヤーウッディン・ギュムシュハーネヴィー（一八一三〜九三）のはたした役割は大きく、彼の道統に連なるいくつかの集団は現代のトルコ共和国においても大きな影響力を有している。十八世紀におけるムジャッディディー派の流入、十九世紀のハーリディー派の流入によって、ナクシュバンディー教団はオスマン朝末期に非常に大きな政治的役割をはたすことになった。

国家による統制と管理、教団の閉鎖

十九世紀にいくつかの教団は新しい発展を経験し、スルタンをはじめとする国家の支配層とも密接な関係を保ったが、国家によるタリーカの統制は近代化改革とともに徐々に進んでいった。マフムト二世による一八一二年の勅令は、これまで国家・社会の安定を損なわないかぎりほぼ放任されていたタリーカがその自律性を失う第一歩となった。

一八二六年には、イェニチェリ軍団廃止にともなってベクタシー教団が閉鎖された。ただし、同教団の処遇をめぐって開催された会合にナクシュバンディー教団、カーディリー教団、ハルヴェティー教団、メヴレヴィー教団のシャイフたちが出席していることから、[7]これはイェニチェリ軍団誅滅に連動した政治的措置であり、タリーカ統制そのものを意図したものではなかったと考えられる（ベクタシー教団閉鎖の背景にナクシュバンディー教団の

[7] 史料によってはかわりにサーディー教団の名があげられている。

影響力があったとする研究も存在する)。閉鎖に関連して、シャイフの流刑や教団財産の没収という措置がとられたが、教団は地下に潜行して活動を続け、公的には閉鎖された状態にありながら、一八五〇年代には教勢を復活させた。十九世紀後半にアルバニアにおいて重要な発展をみせるにいたったことは前述のとおりである。

マフムト二世のタリーカ内部への干渉は一八三六年に発布された勅令によってさらに推し進められ、タリーカの運営に関して、さらに細かい規定が定められた。タンズィマート期には、タリーカ全体を監督するための制度的改革がおこなわれた。一八六六年のシャイフ協議会の設立である。すべてのタリーカ、テッケの監督がシェイヒュルイスラームのもとに創設されたこの組織に委ねられた。同組織はその後何度かの改編をともなったが、タリーカとテッケは国家の組織のもとで管理・監査されることになり、さまざまな特権を失うことになった。

一方マフムト二世によるワクフ省の設立は、国家によるタリーカの統制以上に大きな打撃を与えた。タリーカの経済的基盤であるワクフが国家管理になることで、タリーカは経済的自律性を失った。さらにワクフ財産が国家に接収されるとスーフィーたちは経済的に困窮化し、国家に窮状を訴える陳情書を出すことしか

▶葬儀に参列するタリーカの人たち

できなかった。

　このようにタリーカは十九世紀をつうじて国家に対する自律性を失っていったが、最後のとどめはトルコ共和国を成立させたケマル・アタテュルク（一八八一〜一九三八）によってもたらされた。祖国解放戦争におけるベクタシー教団の貢献という重要なエピソードはあるものの、脱イスラーム化をめざすアタテュルクは、一九二五年八月カスタモヌでの有名な演説において「トルコ共和国は、シャイフたち、デルヴィーシュたち、ムリードたち、マジュズーブたちの国とはなりえない」と宣言し、九月にはテッケ閉鎖の布告を出した。十一月三十日には罰則規定を盛り込んだ、タリーカと聖者廟を閉鎖する六七七号法律が承認され、十二月十三日官報に掲載された。タリーカは公的に閉鎖された。

　タリーカの閉鎖に直面したスーフィーの反応は一様でなかったが、スーフィズムの思想的営為は、さまざまな環境のもとで個人によって継続された。オメル・フェリト・カム（一八六四〜一九四四）やメフメト・アリ・アイニ（一八六九〜一九四五）は大学教員の職に就き思索を続けた。『叡智の台座』の訳注、『精神的マスナヴィー』の訳注をはじめとしてさまざまな著作の翻訳や注釈をおこなった、音楽家としても知られるアフメト・アヴニ・コヌク（一八七三？〜一九三八）は郵便官吏として働きながら、イブン・アラビー学派最後の代表者とされる、これも音楽家でもあったイスマイル・フェンニ・エルトゥールル（一八五五〜一九四六)も官吏として働きながら思索と著述をおこなった。

タリーカも完全に抹殺されたわけではなかった。国家からさまざまに弾圧された運動や集団が根絶されなかったのと同様、またベクタシー教団が地下にもぐって活動を続けたのと同様、タリーカは生き延びた。オスマン朝下で社会の隅々にまで大きな影響を与えたかつての繁栄は過去のものとなったにせよ、姿かたちを変え、看板を掛け替えて、今日でも活動を続ける集団がいくつも存在する。そのうちのいくつかが政治的にも隠然とした力をもっていることは、トルコ国内でみなの知るところである。　(今松　泰)

▶エユップ・スルタン廟で祈る人たち

参考文献

1～3章

青柳かおる『ガザーリー――古典スンナ派思想の完成者』（世界史リブレット人25）山川出版社、二〇一四年
赤堀雅幸編『民衆のイスラーム――スーフィー・聖者・精霊の世界』（異文化理解講座7）山川出版社、二〇〇八年
赤堀雅幸・東長靖・堀川徹編『イスラームの神秘主義と聖者信仰』（イスラーム地域研究叢書第7巻）東京大学出版会、二〇〇五年
アッタール、ファリード、ウッディーン・ムハンマド（藤井守男訳）『イスラーム神秘主義聖者列伝』国書刊行会、一九九八年
アッタール（黒柳恒男訳）『鳥の言葉――ペルシア神秘主義比喩物語詩』（東洋文庫）平凡社、二〇一二年
井筒俊彦『イスラーム哲学の原像』（岩波新書）岩波書店、一九八〇年、再録（井筒俊彦著作集5）中央公論社、一九九二年
ガザーリー（中村廣治郎訳註）『中庸の神学――中世イスラームの神学・哲学・神秘主義』（東洋文庫）平凡社、二〇一三年
ガザーリー（中村廣治郎訳註）『哲学者の自己矛盾――イスラームの哲学批判』（東洋文庫）平凡社、二〇一五年
サアディー（黒柳恒男訳）『果樹園（ブースターン）――中世イランの実践道徳詩集』（東洋文庫）平凡社、二〇一〇年
ジャーミー（岡田恵美子訳）『ユースフとズライハ』（東洋文庫）平凡社、二〇一二年
上智大学中世思想研究所編訳・監修『イスラーム哲学』（中世思想原典集成11）平凡社、二〇〇〇年
高橋圭『スーフィー教団――民衆イスラームの伝統と再生』（イスラームを知る16）山川出版社、二〇一四年
竹下政孝・山内志朗編『イスラーム哲学とキリスト教中世III　神秘哲学』岩波書店、二〇一二年
ティエリー・ザルコンヌ（東長靖監修、遠藤ゆかり訳）『スーフィー――イスラームの神秘主義者たち』（「知の再発見」双書

152）創元社、二〇一一年

東長靖『イスラームとスーフィズム――神秘主義・聖者信仰・道徳』名古屋大学出版会、二〇一三年

ナスル、S・H（黒田壽郎・柏木英彦訳）『イスラームの哲学者たち』岩波書店、一九七五年

ニコルソン、R・A（中村廣治郎訳）『イスラムの神秘主義　スーフィズム入門』（新版、平凡社ライブラリー）平凡社、一九九六年

ニザーミー（岡田恵美子訳）『ライラとマジュヌーン――アラブの恋物語』（東洋文庫）平凡社、一九八一年

ハーフィズ（黒柳恒男訳）『ハーフィズ詩集』（東洋文庫）平凡社、一九七六年

ルーミー（井筒俊彦訳・解説）『ルーミー語録』（イスラーム古典叢書）岩波書店、一九七八年、再録（井筒俊彦著作集11）中央公論社、一九九三年

Ernst, Carl W., *The Shambhala Guide to Sufism*, Boston and London: Shambhala, 1997.

Green, N., *Sufism: A Global History*, Chichester: Wiley-Blackwell, 2012.

Nicholson, R. A.（ed.）, *Selected Poems from the Dīvāni Shamsi Tabrīz*, Cambridge: Cambridge University Press, 1898, repr. 1977.

Nurbakhsh, J., *Sufi Symbolism*, 6 vols., London: Khaniqahi-Nimatullah Publications, 1986–92.

Qureshi, R. B., *Sufi Music of India and Pakistan: Sound, Context, and Meaning in Qawwali*, Cambridge and New York: Cambridge University Press, 1986.

Rumi, Jelaluddin, *This Longing: Poetry, Teaching Stories, and Selected Letters*, Coleman Barks and John Moyne（trs.）, Brattleboro: Threshold Books, 1988.

Schimmel, A., *Mystical Dimensions of Islam*, Chapel Hill: The University of North Carolina Press, 1975.

4～7章

イブン・バットゥータ（イブン・ジュザイイ編・家島彦一訳注）『大旅行記』平凡社、一九九六年
クラヴィホ（山田信夫訳）『チムール帝国紀行』桃源社、一九七九年
Kâtib Çelebî, *Kashf al-ẓunūn ʻan asāmī al-kutub wa-al-funūn*, 2 vols., Şerefettin Yaltkaya and Kilisli Rifat Bilge (ed.), İstanbul: Milli Eğitim Bakanlığı, 1971.
Kâtip Çelebî, *Mîzânü'l-ḥaḳ fî ihtiyâri'l-ahaḳ*, Ḳosṭanṭiniye: Maṭbaʻa-yı Ebü'l-żiyâ, 1306(1888/89).
Lâmiʻî Çelebî, *Tercüme-yi Nefeḥâtü'l-üns*, , İstanbul: s. n., 1289(1872).
Mecdî Meḥmed Efendi, *Hadâ'iḳü'l-şaḳâ'iḳ*, İstanbul: Çağrı Yayınları, 1989(repr.)
al-Ṣafadī, Ṣalāḥ al-Dīn Khalīl b. Aybak, *Aʻyān al-ʻaṣr wa-aʻwān al-naṣr*, vol. 2, Dimashq: Dār al-Fikr, 1998.
Ṭaşköprîzâde ʻİṣâmuddîn Ebülḫayr Aḥmed, *Miftāḥ al-saʻāda wa-miṣbāḥ al-siyāda fī mawḍuʻāt al-ʻulūm*, 3 vols., Qāhira: Dār al-Kutub al-Ḥadīthīya, 1968.

井谷鋼造「モンゴル侵入以前のルーム」『オリエント』三〇―一、一九八七年
上野愛美「トルコ共和国におけるナクシュバンディー教団――エレンキョイ・グループとその機関誌『金の樋』」『オリエント』五八―一、二〇一五年

山本直輝「イマーム・ビルギヴィーのスーフィズム観」『イスラーム世界研究』八、二〇一五年

Kara, Mustafa, Tanzimat'tan Cumhuriyet'e Tasavvuf ve Tarikatlar, *Tanzimat'tan Cumhuriyet'e Türkiye Ansiklopedisi*, Cilt 4, İstanbul: İletişim Yayınları, 1985, pp. 978–994.

Kılıç, Rüya, *Osmanlıdan Cumhuriyete Sufi Geleneğinin Taşıyıcıları,* İstanbul: Dergâh Yayınları, 2009.

Ocak, Ahmet Yaşar（ed.）, *Osmanlı Toplumunda Tasavvuf ve Sufiler: Kaynaklar – Doktrin – Ayin ve Erkân – Tarikatlar – Edebiyat – Mimari – Güzel Sanatlar – Modernizm,* Ankara: TTK , 2005.

Veinstein, Gilles（ed.）, *Syncrétismes et hérésies dans l'Orient seldjoukide et ottman*（*XIVe-XVIIIe siècle*）*: Actes du Colloque du Collège de France, octobre 2001*, Paris: Peeters, 2005.

Zarcone, Thierry, *La Turquie moderne et l'Islam*, Paris: Flammarion, 2004.

Zilfi, Madeline C., The Kadizadeli: Discordant Revivalism in Seventeenth-Century Istanbul, *Journal of Near Eastern Studies,* 45, 1986.

図版出典一覧

Chalcondyle, *Histoire generale des turcs, contenant l'histoire de Chalcondyle,* tome 2, Paris: Augustin Courbé, 1662. *55*

Nurhan Atasoy, Derviş Çeyzi, *Türkiye'de Tarikat Giyim Kuşam Tarihi*, Ankara, Kültür ve Turizm Bakanlığı, 2005. *63, 99, 106*

Philip Dunn et al., *The Illustrated Rumi: A Treasury of Wisdom from the Poet of the Soul,* New York: Harper Collins Publishers, 2000. *27*

今松泰提供 *108*

東長靖提供 カバー裏, *2, 9, 32, 44, 45, 47*

ユニフォトプレス提供 カバー表

東長 靖（とうなが やすし）

1960年生まれ。

東京大学文学部卒業。

東京大学大学院博士課程中退。博士（地域研究）。

専攻：イスラーム思想，とくにスーフィズム。

現在，京都大学大学院アジア・アフリカ地域研究研究科教授。

主要著書：『イスラームとスーフィズム――神秘主義・聖者信仰・道徳』（名古屋大学出版会2013），『イスラーム世界研究マニュアル』（共編著，名古屋大学出版会2008），『イスラームの神秘主義と聖者信仰』（共編著，東京大学出版会2005），『岩波イスラーム辞典』（共編著，岩波書店2002，毎日出版文化賞），『イスラームのとらえ方（世界史リブレット15）』（山川出版社1996）

序章～３章担当。

今松 泰（いままつ やすし）

1963年生まれ。

神戸大学文学部卒業。

神戸大学大学院博士課程修了。博士（学術）。

専攻：オスマン朝史，とくに宗教史・文化史。

現在，京都大学大学院アジア・アフリカ地域研究研究科客員准教授。

主要著書・論文：『移動と交流の近世アジア史』（共著，北海道大学出版会2016），『イスラームの神秘主義と聖者信仰』（共著，東京大学出版会2005）

４～７章担当。

イスラームを知る15
イスラーム神秘思想《しんぴしそう》の輝《かがや》き　愛《あい》と知《ち》の探求《たんきゅう》

2016年３月５日　1版1刷印刷
2016年３月10日　1版1刷発行

著者：東長《とうなが》 靖《やすし》・今松《いままつ》 泰《やすし》

監修：NIHU（人間文化研究機構）プログラム
イスラーム地域研究

発行者：野澤伸平

発行所：株式会社 山川出版社

〒101-0047　東京都千代田区内神田１-13-13
電話　03-3293-8131（営業）8134（編集）
http://www.yamakawa.co.jp/
振替　00120-9-43993

印刷所：株式会社 プロスト

製本所：株式会社 ブロケード

装幀者：菊地信義

 ISBN978-4-634-47475-8